EUGENE SUE.

LES SECRETS
DE
L'OREILLER

1

PARIS
ALEXANDRE CADOT, ÉDITEUR,
37, RUE SERPENTE, 37.
1858

LES
SECRETS DE L'OREILLER.

Imprimerie de Munzel, à Sceaux.

EUGÈNE SUE.

LES SECRETS
DE
L'OREILLER

I

PARIS
ALEXANDRE CADOT, ÉDITEUR,
37, RUE SERPENTE, 37.
—
1858

A

ANNA-MARIA

1843-1857

AUJOURD'HUI

COMME ALORS

PROLOGUE

— Partons, je t'en supplie, Wolfrang !...
par pitié, partons pour ce beau voyage !...
Que de choses nouvelles nous verrons ! que
de choses !

— Quoi ! cette résolution à ton âge, ma
Sylvia ? toi, dans la fleur des ans et de ta
beauté !

— Je suis lasse, lasse de voir... le triomphe du mal et le malheur des justes sur cette terre.

— Toujours cette erreur funeste!

— Erreur ou vérité... Elle m'obsède, elle me désespère, elle me tue ; elle flétrit jusqu'au charme de notre amour, Wolfrang. Hélas! cet amour céleste rend plus hideuse encore la réalité qui nous entoure! Malheur à moi! pourquoi faut-il que la vue de l'iniquité me blesse, m'endolorisse, me fasse souffrir aussi cruellement que d'autres souffrent des maux du corps? Partons, Wolfrang! Pourquoi rester ici plus longtemps? Qu'as-tu de commun avec ce monde impur et maudit, toi dont le cœur est un trésor de délicatesse et de bonté, toi qui sembles un archange égaré au milieu des hommes ? Ah! c'est ta faute! c'est ta faute! Lorsqu'après t'avoir contemplé dans l'adoration recueillie que tu m'inspires, j'abaisse les yeux et regarde autour de moi, alors je deviens triste jusqu'à la mort. Viens, partons, mon Wolfrang ; n'avons-nous pas joui de tout ce que peuvent donner l'amour, la jeunesse, la richesse, le génie?... Plus tard, peut-être, arriveraient pour nous la satiété, l'ennui, et pis encore. Je deviendrais peut-être insensible à ces indignités dont je souffre tant à cette heure... Mais tu ne réponds rien. A quoi songes-tu?

— A te guérir...

— Impossible...

— Je te guérirai, te dis-je... Car il n'est que trop vrai, Sylvia, la susceptibilité exquise, presque maladive de ta nature, te rend aussi impressionnable aux ressentiments du mal moral, que le vulgaire est impressionnable aux ressentiments du mal physique. Mais je l'ai dit, j'ai le secret de ta guérison.

— Ma souffrance est incurable.

— Elle ne résistera pas à un moyen étrange auquel j'ai déjà plusieurs fois vaguement songé.

— Ce moyen?

— Tu le sauras. Mais promets-moi, Sylvia, de ne pas céder à ta désespérance avant l'épreuve que je médite.

— Wolfrang....

— Si cette épreuve est impuissante à te convaincre, je t'accompagnerai là où tu veux aller. Est-ce convenu, ma Sylvia?

— Et... à quand cette épreuve?

— Au plus tard dans un an.

— Un an, grand Dieu !

— Ce laps de temps est matériellement indispensable à mon projet.

— Un an, Wolfrang !... Et jusque-là ?...

— Jusque-là... nous irons nous réfugier dans notre solitude bénie, où, de nouveau, nous partagerons notre vie entre l'étude, les arts, les longues méditations ; nous attendrons ainsi le jour de l'épreuve, et tu seras à l'abri de tout nouveau sujet de douleur.

— Ah ! notre vie de délices, pourquoi l'avons-nous quittée, Wolfrang ?

— Parce qu'il est des devoirs à accomplir sur cette terre, Sylvia ; et à ces devoirs, combien de fois ne t'ai-je pas vue te dévouer vaillamment !

— Et l'ingratitude la plus noire a payé mon dévoûment.

— L'ingratitude est le creuset où s'épure le bienfait, ne le sais-tu pas ?

— Que trop !

— Sommes-nous donc de ceux-là qui placent à intérêt le bien qu'ils font, comptant sur la reconnaissance de l'obligé ? Non, non, ce serait de l'usure. Il faut payer notre dette à la solidarité humaine. Cette dette sacrée, acquittons-la sans prétendre à davantage. Et maintenant, acceptes-tu l'épreuve, ma Sylvia?

— Nous quitterons Paris?

— Dans une heure.

— Et nous reviendrons ici?

— Dans un an ; et j'en jure Dieu, ta guérison sera complète...

— Hélas! j'en doute...

— En ce cas, si mes espérances me trompent, je ne m'opposerai plus à ton dessein. Est-ce dit, ma Sylvia?

— C'est dit, mon Wolfrang.

— Et maintenant, à l'œuvre!

Wolfrang, après avoir agité le cordon d'une sonnette, s'assied et écrit rapidement deux billets; puis il sonne de nouveau avec impatience.

Un nouveau personnage paraît.

— Allons donc, *Tranquillin*, — dit Wolfrang, — voilà deux fois que je sonne.

— Seigneur, j'accours...

— Tu accours... avec cette tranquillité imperturbable que tu dois sans doute à l'intercession de ton bienheureux patron, *saint Tranquillin*.

— Seigneur, je me hâtais de...

— Des chevaux de poste.

— Oui, seigneur, je vais m'empresser de...

— Cette lettre à mon banquier, cette autre à mon architecte.

— Oui, seigneur, je cours à l'instant m'occuper de ces commissionss.

Tranquillin sort à pas comptés.

Une heure après, Wolfrang et Sylvia quittaient Paris.

1

Le récit suivant se passe à Paris, durant le règne de *Louis-Philippe*, et dans un quartier en partie démoli aujourd'hui.

L'on voyait à cette époque, dans ce quartier une maison à quatre étages, édifiée en briques et récemment construite. Le rez-de-chaussée se composait de deux boutiques; l'entresol, sis au-dessus d'elles, en dépendait; la cour de cette maison était limitée par les grilles de deux jardins que séparait un mur, et au fond desquels s'élevaient deux hôtels contigus et aussi de construction récente.

L'on appelait communément dans la voisinage cette maison

La maison du bon Dieu.

Elle devait cette dénomination flatteuse à des avantages de diverse nature dont jouissaient ses heureux locataires, et de l'exquise urbanité de son concierge.

L'un des deux appartements du premier étage et l'une des boutiques du rez-de-chaussée étaient encore à louer, ainsi que l'indiquaient un écriteau apposé à la porte cochère et une affiche placardée sur les volets fermés de l'un des magasins; l'autre portait cette enseigne :

ANDRÉ LAMBERT, LIBRAIRE.

Ce matin-là, le commis du libraire, après avoir ouvert les contrevents de la boutique, s'occupait, à l'aide d'une servante, de placer de chaque côté de la porte des casiers remplis de livres reliés.

Ce commis, garçon de vingt-cinq ans,

nommé Bachelard, disait en ce moment à la servante :

— Merci, Juliette, voici les casiers à leur place, vous pouvez retourner à votre cuisine, préparer le déjeûner du patron et de sa femme ; et à ce propos, qu'est-ce donc qu'ils mangent ce matin, nos bourgeois ?

— Mon Dieu, que vous êtes donc curieux, monsieur Bachelard ! vous harrassez toujours le monde de vos questions. Vous serez bien avancé, n'est-ce pas, quand vous saurez ce que mes maîtres mangeront à déjeûner ?

— Moi, ça m'est bien égal ; c'est tseulemen pour la chose de savoir...

— La belle excuse !

— Est-ce que notre bourgeoise s'est couchée tard hier, Juliette ?

— Allons, encore ! mais, qu'est-ce que cela vous fait, maudit curieux ?

— Cela m'est fort indifférent ; seulement je suis toujours à me demander, et je vous le demande, Juliette : Pourquoi donc notre patron et sa femme font-ils chambre à part ?

— Cela leur convient apparemment !

— Mais pourquoi cela leur convient-il ? Là reste la question que je me pose... M. Lambert, il est vrai, a au moins la quarantaine ; il n'est pas beau, il est même laid... De plus il est chauve, grêlé, tandis que la bourgeoise a vingt ans au plus et est jolie comme un cœur ; or, je me demande encore pourquoi M. Lambert a-t-il épousé une si jolie jeunesse, et, d'autre part, pourquoi celle-ci...

— Ah ! mon Dieu ! il va se faire écraser !... Mais, prenez donc garde ! — s'écrie Juliette avec effroi, en attirant brusquement à elle le commis.

Celui-ci reprend :

— Aussi, je vous demande un peu pourquoi ce mirliflor du deuxième étage fait sortir ses chevaux de si bon matin, le tout pour qu'ils aillent se promener la canne à la main, comme de grands propres à rien ?

Cette réflexion de Bachelard, au sujet du danger qu'il venait de courir avait pour cause la brusque apparition de quatre chevaux anglais, couverts de leurs camails et de leurs caparaçons de drap bleu galonnés de rouge. Les fougueux et magnifiques animaux étaient impétueusement sortis de dessous la voûte de la porte cochère, tenus en main par deux grooms, et ils s'éloignèrent en piaffant, se cabrant, et faisant jaillir les étincelles sous leur ferrure.

— Vous pouvez vous vanter, Bachelard, de m'avoir causé une fière peur, — dit la servante ; — j'en suis encore toute tremblante ; je vous voyais déjà sous les pieds des chevaux.

— A propos, Juliette, est-ce que ça ne vous semble pas très étonnant ?

— Quoi ?

— Ce M. de Luxeuil, qui loge au second, et qui possède de si belles bêtes, est lui-même un des plus beaux hommes que l'on puisse voir ?

— Eh bien !

— Notre bourgeoise, de son côté, est jolie comme les amours...

— Et puis ?

— Comment se fait-il que depuis deux mois qu'il habite ici comme nous, le beau jeune homme qui, en sortant de la maison, passe journellement devant notre boutique, soit à cheval, soit en voiture, soit à pied ; comment se fait-il... reprends-je... que le mirliflord ne jette jamais, au grand jamais, un seul regard sur notre bourgeoisé, laquelle, cependant, mérite fièrement d'attirer l'œil des passants... Or, voilà qui me paraît louche... et... je...

— Mais, vilain homme, vous ne vous contentez donc pas d'être un curieux forcené, vous êtes donc aussi un espion?

— Moi!

— Comment savez-vous que ce monsieur ne regarde jamais madame lorsqu'il passe devant la boutique? Vous êtes donc toujours aux aguets, afin d'espionner tout le monde?

— Parbleu! à quoi voulez-vous que je passe mon temps, ma chère?

— Et vous n'avez pas honte!

— Du tout, du tout; je me délecte au contraire dans cette pensée que je suis une espèce de petit furet... auquel rien n'échappe de ce qui se passe dans la maison...

— Joli passe-temps!

— Cela me fait songer, Juliette, à vous desmander quand notre bourgeoise... doit...

— Laissez-moi tranquille avec vos questions; vous m'ahurissez. Tenez, voilà M. Saturne qui balaie le devant de sa porte; allez bavarder avec lui.

Ce disant, la servante rentre dans la boutique, après avoir indiqué du regard au commis le portier de la maison,

Ce concierge, investi du nom mythologique de *Saturne,* était un homme chauve, portant lunettes. Irréprochablement vêtu de noir, cravaté de blanc, et ceint momentanément d'un tablier de serge verte, cet incomparable portier joignait à une physionomie toujours souriante et des plus affables, une courtoisie exquise, dont un trait entre mille pourra donner une idée.

Un jour, M. de Luxeuil, l'élégant locataire du second étage, sortait à pied ; il s'arrête un moment devant la loge du concierge, afin de lui donner un ordre, et jette loin de lui son cigare éteint... M. Saturne se tournant aussitôt, à demi, vers ce cigarre qui décrit sa parabole, s'incline légèrement devant cet objet, comme s'il eût participé de la *respectabilité* de son possesseur ; puis, M. Saturne continue de prêter une attention pleine de déférence aux paroles de son locataire.

Bachelard, invité par la servante à aller assouvir sa curiosité auprès du concierge, hoche la tête, se disant :

— Voilà un original qui fait mentir le proverbe : *bavard comme un portier* ; mais enfin, faute de grives, on mange des merles.

Et faisant deux pas au-delà du seuil de la boutique, le commis reprend :

— Bonjour, monsieur Saturne, bonjour ; comment ça va-t-il ce matin ?

— Et vous-même, monsieur Bachelard ?

— Vous êtes trop honnête. Voilà un beau temps.

— Hé... hé...

— A propos de beau temps, monsieur Saturne... dites moi donc pourquoi... car cela me trotte depuis une éternité dans la cervelle... dites-moi donc pourquoi le propriétaire de cette maison et des deux hôtels du fond de la cour, a, selon le bruit du quartier, fait construire ces bâtiments par des maçons alsaciens, venus tout exprès à Paris pour cette bâtisse, et qui ne disaient pas quatre mots de français ? Pourquoi donc ces maçons, pendant tout le temps qu'a duré la bâtisse, n'ont-ils pas quitté une sorte de grande baraque où ils étaient d'ailleurs, dit-on, très bien établis et hébergés, mais où l'architecte les tenait, pour ainsi dire, en charte privée ?

Pourquoi donc aussi, pendant tout le temps que cette bâtisse a duré, le terrain de construction était-il entouré d'une clôture en planches, en dedans de laquelle personne ne pouvait pénétrer? Pourquoi donc encore le propriétaire tient-il absolument à louer ses appartements en garni, les donnant toutefois au même prix que s'il les louait sans meubles? Et cependant le mobilier a dû coûter cher, si j'en juge d'après celui de l'entresol du patron. Rien de plus élégant, de plus recherché... (Aussi, par parenthèse, appelle-t-on cette maison-ci *la Maison du bon Dieu*; tant les locataires y sont choyés, dorlottés selon les intentions du propriétaire). Puisque nous parlons du propriétaire, dites-moi donc par la même occasion quel homme c'est que ce monsieur Wolfrang?... Est-il jeune ou vieux? marié ou célibataire?

Le commis, après cette avalanche d'interrogations, se disait à part lui:

— C'est bien le diable si le père Saturne ne répond pas au moins à une de mes questions.

— Tiens... — dit le concierge, — voilà

Bonhomme qui s'en va au bureau de tabac faire remplir la tabatière de son maître.

M. Saturne, trompant ainsi l'espoir du commis, lui désignait du geste un chien barbet de moyenne taille et d'un poil touffu et grisâtre; ses yeux, noirs comme son museau, pétillaient d'intelligence à travers les mèches ébourriffées dont ils étaient à demi-recouverts. Il sortait de la maison et trottait d'un air affairé, portant à sa gueule une tabatière de buis.

— Savez-vous, monsieur Bachelard, — ajouta le concierge, — savez-vous que ce chien-là n'a pas son pareil au monde pour la gentillesse et l'intelligence ?

— Je ne dis point non ; mais je vous demandais pourquoi la maison...

— Après avoir rapporté le tabac à son maître, — reprend le concierge, — l'on verra repartir *Bonhomme*, un petit panier à la gueule, afin d'aller chercher le déjeûner : une flûte de deux sous chez le boulanger et quelques fruits chez le fruitier...

— D'accord. Mais dites-moi donc si le propriétaire est...

— Et puis remontant dare, dare, ses trois

étages, *Bonhomme* déposera son panier à la porte de l'appartement, se dressera sur ses pattes, prendra entre ses dents le cordon de la sonnette, que je me suis donné le plaisir de rallonger à cet effet, et, drelin, drelin, drelin! Son retour sera ainsi annoncé à son maître.

— Mais, monsieur Saturne... écoutez-moi donc...

— Je vous dis, monsieur Bachelard, qu'à ce chien-là il ne manque, voyez-vous, que la parole, absolument que la parole.

— Ma foi, elle manque aussi à son maître, — dit Bachelard désespérant d'obtenir du concierge quelque réponse à ses questions précédentes. — Ce M. Dubousquet, maître de ce barbet, ne dit mot à personne, vit seul comme un ours, ne sort que rarement le soir, rasant la muraille, toujours enmitouflé d'un cache-nez, ni plus ni moins qu'un malfaiteur qui se cache. A telle enseigne que depuis qu'il loge ici, je n'ai pas pu seulement voir sa figure. Et à propos de ce M. Dubousquet, dites-moi donc ce qu'il est ou ce qu'il a été. Est-ce qu'il vit de ses rentes? est-ce que...

— Monsieur Bachelard, — répond le concierge d'un air grave et confidentiel, — je dois vous déclarer une chose...

— Ah! enfin, — pensait le commis ; et il ajoute tout haut avec empressement :

— Dites vite, dites, mon bon, mon digne, mon excellent monsieur Saturne ; qu'avez-vous à me déclarer ?

— Que je suis et serai toujours votre très humble et très obéissant serviteur, — répond le concierge avec le salut le plus courtois. Et continuant de manœuvrer gravement de son balai, à la grande déconvenue du commis, bientôt distrait de son dépit par la voix de son patron qui, du seuil de la porte, appelait :

— Bachelard ! Bachelard !

II

M. André Lambert, le libraire, l'un des plus savants bibliophiles de Paris, ne vendait que de vieux livres rares et curieux, ou d'excellentes éditions des œuvres classiques françaises, grecques ou latines. Il dit doucement à son commis, mais avec un accent de légère impatience :

— A quoi songez-vous donc? Vous auriez dû avoir déjà déballé cette caisse d'Elzévirs que m'envoie mon correspondant d'Amsterdam.

— Monsieur, ce n'est pas ma faute, c'est ce bavard de portier qui me retenait.

Et Bachelard, selon l'ordre de son patron, s'occupe de déballer les livres ; puis, toujours l'œil aux aguets, selon son habitude, et voyant le libraire interroger du regard quelques-uns des rayons chargés de volumes, le commis s'écrie :

— Qu'est-ce que vous cherchez donc, monsieur ?

— Occupez-vous de ce déballage, — répond le libraire, qui semble doué d'une grande mansuétude. — Si j'avais besoin de vous pour trouver ce que je cherche, je vous en instruirais probablement.

— Après tout, c'est une simple question que je vous adressais, monsieur.

— Je ne le sais que trop, éternel questionneur !

En ce moment, *Tranquillin* entre à pas comptés dans la boutique, salue révérencieusement le libraire, dépose lentement son chapeau sur le comptoir, se mouche avec méthode, tousse deux ou trois fois afin d'éclaircir le timbre de sa voix, puis enfin :

— Je vous présente mes civilités, monsieur Lambert.

— Bonjour, monsieur Tranquillin.

— Tiens, — se dit Bachelard prêtant l'oreille, — l'intendant du propriétaire ! Pourquoi vient-il ici?

— Monsieur Lambert, — poursuit Tranquillin, laissant tomber une à une ses paroles, — je suis... chargé... d'une... communication... pour... vous... de la part... de mon honoré maître...

— Bachelard, laissez-nous, — dit le libraire à son commis désappointé, — vous achèverez plus tard de déballer ces livres.

— Monsieur, je vais avoir fini en un clin d'œil ; ce sera l'affaire de dix minutes.

— Vous achèverez plus tard, vous dis-je, de déballer ces livres ; allez épousseter ceux de l'arrière-magasin.

— Cependant, monsieur...

— De grâce, faites donc ce que je vous ordonne.

— A la bonne heure, monsieur, à la bonne heure ! — répond Bachelard, quittant la boutique en grommelant. Après tout, mon observation était dans l'intérêt du déballage.

— Monsieur Lambert, — reprend Tranquillin, — je suis chargé d'une communication pour vous de la part de mon honoré maître, M. Wolfrang.

— Je le croyais en voyage ?

— Il est de retour depuis hier soir ; il est descendu dans l'hôtel qu'il s'est réservé au fond du jardin.

— Quelle est la communication dont il s'agit ?

Le libraire, voyant en ce moment rentrer le commis dans l'arrière-magasin, reprend, sans se départir de son indulgente bonhomie :

— Que voulez-vous encore, Bachelard ?

— Monsieur ne m'a-t-il pas commandé d'épousseter les livres ?

— Sans doute ; eh bien ?

— Je ne trouve pas mon plumeau ; je dois l'avoir laissé ici quelque part, et je...

— Retournez dans l'arrière-magasin ; ne revenez ici que lorsque je vous manderai.

— Mais, monsieur, ce plumeau...

— Allez, allez.

Bachelard sort, et Tranquillin continue :

— Mon honoré maître, M. Wolfrang, m'a chargé, monsieur Lambert, de vous inviter à lui faire l'honneur de venir passer aujourd'hui la soirée chez lui avec madame Lambert.

— Je suis très sensible à cette invitation, — répond le libraire surpris, — mais ma femme et moi, nous vivons fort retirés ; nous avons peu de goût pour le monde, et...

— Oh ! rassurez-vous, monsieur Lambert, l'on sera chez mon honoré maître tout à fait en famille, entre locataires.

— Comment?

— M. Wolfrang désire, — désir bien naturel ! — avoir l'honneur de faire connaissance avec messieurs ses locataires, et il les convie ce soir à une petite réunion intime ; je dis intime, en cela qu'elle sera composée de peu de personnes, à savoir les locataires de l'hôtel du jardin, M. le duc et madame la duchesse *della Sorga*, ainsi que leurs deux fils; vous et madame *Lambert*, M. et madame *Borel*, ainsi que leur fils, habitant le premier étage ; M. *de Luxeuil* et M. le comte *de Francheville*, habitant le second; enfin M. *de*

Saint-Prosper, M. *Dubousquet* et mademoiselle *Antonine Jourdan*, habitant le troisième étage; en tout, quatorze personnes. Ce sera donc, vous le voyez, une véritable soirée de famille. En outre, mon honoré maître se fera un plaisir, — que dis-je? — un devoir, de demander à messieurs ses locataires et à mesdames ses locatrices s'ils se trouvent bien chez lui; s'ils n'ont pas quelques réclamations à lui adresser, quelques embellissements ou quelques meubles à lui demander pour leur appartement, car M. Wolfrang serait aux regrets de n'avoir point prévenu ces demandes. Mais, vous semblez surpris?

— Je l'avoue, — répond le libraire; — de pareils procédés de la part d'un propriétaire...

— Sont assez rares, n'est-ce pas?

— Fort rares, en effet.

— Que voulez-vous? M. Wolfrang n'est point un propriétaire comme un autre; aussi, lorsqu'il a su que l'on avait, dans le voisinage, baptisé sa maison du surnom de *la Maison du bon Dieu*, vous ne pouvez vous imaginer sa douce satisfaction.

— Cette satisfaction doit lui coûter cher,

car, vraiment, le prix des appartements de cette maison est de plus de moitié au-dessous de leur valeur.

— Certainement, tel est le désir de mon honoré maître.

— Ainsi, en ce qui me concerne, je paie deux mille francs la location de cette boutique, de ses dépendances et d'un logement complet à l'entresol, meublé avec une élégance, une recherche à laquelle ma femme et moi n'étions pas habitués, bien que nous vivions dans l'aisance.

— L'unique ambition de M. Wolfrang est que messieurs ses locataires se plaisent chez lui. C'est son idée fixe.

— Il y paraît de reste; seulement, je regrette fort cette clause du bail, en vertu de laquelle, en me prévenant un mois d'avance...

— Vous pouvez donner ou recevoir congé chaque trimestre?

— Oui, et cette clause...

— ... N'a d'autre fin que le désir incessant de M. Wolfrang à l'endroit de la plaisance et de la liberté de messieurs les locataires.

— Vraiment?

— Sans doute... Il serait désolé de leur imposer la moindre sujétion; d'où il suit qu'un locataire ne se plaisant plus céans, il peut s'en aller quand bon lui semble, et ce, d'autant plus aisément qu'il n'a, comme on dit, apporté avec lui, dans la maison, que son bonnet de nuit, puisque les appartements sont meublés. Voilà pourquoi mon honoré maître a tenu absolument à louer en garni.

— Mais, par contre, l'on peut recevoir congé; or, l'on se trouve ici tellement bien établi, nous, du moins, que ce serait, pour ma femme et pour moi, un véritable chagrin que de quitter ce logis.

— Je m'en vais vous dire pourquoi M. Wolfrang a désiré la réciprocité du congé. Il est, vous le savez, des caractères hargneux, taquins, toujours mal satisfaits, quoi qu'on fasse, et qui, néanmoins, s'obstinent à demeurer où ils sont : c'est en prévision de ces vilains caractères-là que mon honoré maître a inséré la clause en question dans les baux; car, voyez-vous, à la seule pensée de locataires mécontents, il ne vit plus, mon pauvre monsieur Lambert, il ne vit plus, il est comme une âme en peine !

— Somme toute, c'est un original dans la meilleure acception du mot que M. Wolfrang, n'est-ce pas ?

— Hé !... hé !... peut-être...

— Quel âge a-t-il ? Est-il marié ? Mais, Dieu me pardonne ! — ajouta le libraire en souriant, — la contagieuse curiosité de mon commis m'a, je crois, gagné malgré moi.

— Si vous acceptez l'invitation de M. Wolfrang, vous saurez par vous-même ce que vous désirez savoir.

— Je vous l'ai dit : ma femme et moi nous vivons fort retirés, nous n'allons jamais dans le monde...

— Mais, encore une fois, ce n'est point aller dans le monde que de passer la soirée chez son propriétaire, avec une douzaine d'autres locataires. Allons, M. Lambert, ne me refusez point... ce serait d'un mauvais augure pour les autres invitations que je vais de ce pas aller faire à chaque étage de la maison. Donc, c'est convenu ; mon honoré maître peut, ce soir, compter sur vous et sur madame Lambert.

— Il me faudrait tout au moins consulter ma femme.

— Allez la consulter, je vous attends.

— Je ne vous réponds point, tant s'en faut, de son consentement.

— Demandez-le lui toujours.

Au moment où le libraire quitte son comptoir, Bachelard entre brusquement :

— Monsieur m'a appelé ?

— Nullement ; mais vous allez garder la boutique en attendant mon retour.

III

Madame Lambert, âgée de vingt ans au plus, est blonde, et, pour la caractériser physiquement d'un trait, nous la comparerons à la *Psyché* (de Prudhon), dont elle avait la beauté pure, délicate et candide; mais, malgré leur perfection, ses traits, d'une douceur extrême, manquaient complètement d'animation, et l'intelligence ne brillait pas dans ses charmants yeux bleus, alors rêveurs. Elle achevait presque machinalement sa toilette, en tordant par derrière ses longs cheveux cendrés, dont elle pouvait à peine, de sa petite main, embrasser la natte épaisse.

— Oui, madame, — disait Juliette à sa maîtresse, — c'était une corbeille de violettes de Parme ; mais grande, mais grande ! enfin elle ne pourrait pas tenir sur la table ronde du salon. Une dame assez âgée, qui doit être une femme de chambre du grand monde, car elle porte un chapeau et est très bien mise, avait, dans le fiacre qui l'amenait, cette corbeille avec elle, et elle a prié M. Saturne de l'aider à la descendre, en disant qu'elle apportait ces fleurs à M. de Luxeuil.

— Qui vous a si bien instruite, Juliette ?

— Le hasard, madame... car je passais devant la loge du concierge, et même je me suis dit : « C'est drôle, pourtant ! ce sont les messieurs qui, ordinairement, envoient des fleurs aux dames ; il paraît que c'est le monde renversé ; » car c'est bien certainement une dame qui envoie cette belle corbeille à notre voisin du second. N'est-ce pas, madame ?

— Quelle question ! Comment voulez-vous que je sache cela ? — répond madame Lambert, sans pouvoir dissimuler son impatience mêlée de dépit. — Et, d'ailleurs, que m'importe, à moi !

— Sans doute, madame ; aussi je vous dis cela, comme je vous dirais autre chose.

— Eh bien ! alors, j'aime autant que vous me disiez autre chose.

— Je serais fâchée d'avoir contrarié madame.

— Pourquoi m'auriez-vous contrariée ? Qu'est-ce que cela me fait que l'on envoie des fleurs à M. de Luxeuil ? Est-ce que je le connais ?

— Allons, se dit la peu pénétrante Juliette, madame a de l'humeur ; son caractère est bien changé depuis quelque temps ; elle était douce comme un mouton, elle devient brusque et grondeuse ; qu'est-ce donc qu'elle peut avoir ?

Puis elle ajouta tout haut :

— Madame, n'a plus besoin de moi ?

— Non, pas à présent.

— En ce cas, madame, je retourne à ma cuisine.

A peine la servante a-t-elle quitté la chambre à coucher, que madame Lambert se dit avec amertume :

— Elle me mettait au supplice, cette Juliette!... Qu'avait-elle besoin de me parler de ces fleurs ?

Et après un moment de silence :

— Quelle fausseté! il a osé m'écrire qu'il m'aimait depuis trois mois ; que s'il ne me regardait pas en passant devant le magasin, c'était de peur de me compromettre. Hélas ! je ne l'ai que trop regardé, moi, pour mon malheur !... Et mon mari, si bon, si généreux, à qui je dois tant, à qui je dois tout !... car lorsque je pense à sa conduite envers moi...

Puis, tressaillant et rougissant de repentir, madame Lambert ajouta :

— Ah! je ne suis déjà que trop coupable! Avoir reçu cette lettre, l'avoir lue surtout! car, la recevoir, je ne pouvais m'en empêcher, M. de Luxeuil a saisi l'instant où j'étais seule dans le magasin (comment a-t-il pu deviner cela) ? Il est entré vite, et, déposant la lettre sur le comptoir, il ma dit : « — Lisez, » et sachez combien je vous aime!... » — Maudite lettre! je l'ai lue, relue, je la sais par cœur maintenant; aussi j'ai pu la brûler !...

Mais ces fleurs... qui les LUI envoie? quelque grande dame ! Oh ! certainement, il doit n'avoir qu'à choisir ; il est si beau, si élégant ! il a de si jolis chevaux !... tout le monde se retourne pour le voir passer... Mais ces fleurs, qui les lui envoie? Peut-être cette dame qui, avant-hier, est venue dans un superbe carrosse armorié ; il s'est arrêté à la porte pendant que le domestique, tout galonné d'or, allait remettre une lettre au concierge. Qu'elle était belle, cette jeune dame ! mon Dieu ! quelle était belle et distinguée, comparée à moi, pauvre boutiquière ! Il me semblait que plus je la regardais, car je ne pouvais détacher mes yeux d'elle, plus je la haïssais. Haïr !... moi, qui n'ai jamais jusqu'ici voulu de mal à personne! Ah ! je deviens méchante ! Eh bien ! oui, quand ce ne serait que pour la faire enrager, cette grande dame, et lui prouver que je la vaux bien, moi, puisqu'IL m'aime, je...

Et s'interrompant de nouveau, madame Lambert ajoute en frémissant :

— C'est affreux ce que je pense là !... Non ! non ! je n'aimerai pas M. de Luxeuil, et s'il m'écrit encore, je brûlerai sa lettre sans la lire. Non, jamais, jamais, je ne m'exposerai à rougir devant mon mari, si bon, si généreux pour moi !

M. Lambert entre chez sa femme au moment où elle se livre à ces réflexions. Elle reste confuse à la vue du libraire, et afin de dissimuler son embarras, elle s'occupe de terminer sa coiffure devant la glace de sa toilette.

— Ma chère Francine, — dit M. Lambert, — nous sommes invités à passer aujourd'hui la soirée chez M. Wolfrang, notre propriétaire, ainsi que les autres locataires de la maison.

— Ah ! mon Dieu ! — dit madame Lambert, tellement étonnée, que ses cheveux s'échappant de sa main se déroulèrent sur ses épaules, l'enveloppèrent à demi de leur nappe soyeuse et dorée, qui tombait jusque sur le tapis ; mais une autre émotion que celle de la surprise, empourprant bientôt les traits de la jeune femme, elle profita du désordre de sa chevelure pour dissimuler sa rougeur sous les bandeaux ondulés qu'elle laissa voiler à demi son frais visage.

Puis, elle ajouta comme si elle eût voulu

se ménager le temps de réfléchir à sa réponse :

— Ah ! mon Dieu ! André, je n'en reviens pas : nous, invités chez le propriétaire ?

— Je m'attendais à ton grand étonnement, chère enfant, — dit en souriant le libraire. — Je sais combien tu es timide et peu habituée au monde ; aussi, ai-je d'abord refusé cette invitation, objectant les habitudes de notre existence retirée, mais l'intendant a insisté, observant qu'il s'agissait d'une soirée en petit comité, uniquement composée des locataires de la maison.

— De... tous les locataires ?

— Sans doute, car ceux de l'hôtel du fond du jardin sont aussi invités ; il s'agit donc d'une réunion d'une quinzaine de personnes au plus.

— Mon ami, tu as bien fait de ne pas accepter, — dit madame Lambert après un pénible effort sur elle-même, car M. de Luxeuil devait être l'un des invités ; — nous ne pouvons aller à cette soirée.

— Soit ! seulement je te ferai observer que...

— Nous ne pouvons, je te le répète, mon

ami, aller à cette soirée, — se hâta de répéter la jeune femme, semblant vouloir, quoiqu'à regret, s'engager irrévocablement par ce refus, — nous n'irons pas.

Il en sera selon tes désirs, chère enfant ; j'ai d'ailleurs prévenu M. Tranquillin que mon acceptation était subordonnée à la tienne.

— C'est entendu, nous refusons ; n'en parlons plus.

— Tu est bien décidée ?

— Oui, oui, cent fois, oui ! — répondit impatiemment Francine, craignant de céder à la tentation de se raviser. — Pourquoi m'obliger de te redire deux fois la même chose.

Mais la jeune femme regrettant l'inflexion presque dure de sa réponse :

— Pardon ! André, mais je...

— C'est moi, chère enfant, qui, par mon insistance, après ton premier refus, ai provoqué ton léger mouvement d'impatience. Voici, d'ailleurs, pourquoi j'insistais : ma première pensée, avant de t'avoir même consultée, avait été de décliner cette invitation, après tout fort polie ; cependant j'ai réfléchi que ce M. Wolfrang paraît être un franc original, et que notre refus pouvait le blesser…

— Que t'importe?

— Cela m'importe assez peu, il est vrai, mais néanmoins ce M. Wolfrang a le droit, en vertu de l'une des clauses de notre bail, de nous donner congé chaque trimestre ; nous avons bravé ce très grave inconvénient, cédant moins encore à l'attrait du prix modéré du loyer qu'aux convenances de mille sortes que nous trouvions dans cet appartement…

— Combien tu es bon, André! tu dis *nous*. et c'est moi seule qui, séduite par l'élégance et la recherche du mobilier de cet appartement, ai insisté pour demeurer ici.

— Toi ou moi, chère Francine, c'est tout un ; je trouvais d'ailleurs pour mes livres, en outre de la boutique, parfaitement appropriée à mon commerce, un arrière-magasin très sec, où j'ai placé mes éditions les plus précieuses, et un grenier fort aéré où j'ai pu encore déposer des livres. Il résulte de tout cela que nous sommes établis à merveille, et mieux que nous ne le serions partout ailleurs pour le double de ce que nous payons. Or, en te manifestant tout à l'heure mon désir de ne point choquer M. Wolfrang par notre refus, je craignais que si cet original se trouvait en effet blessé, il ne nous signifiât congé, ce qui serait très fâcheux.

— Sans doute, mon ami; mais est-il à présumer que le propriétaire nous donne congé pour un motif si futile?

— Il n'en sera pas ainsi, je l'espère, car peut-être nous regretterions plus tard de n'avoir point fait à cet original le sacrifice d'une heure ou même d'une demi-heure de notre soirée; nous eussions seulement fait acte de présence à cette réunion. Mais puisque tu préfères t'abstenir, ma chère Francine, je vais t'excuser auprès de M. Tranquillin, lui disant que tu es légèrement indisposée, excuse banale, mais enfin suffisante.

— André, — reprend la jeune femme, faillissant dans sa lutte contre les tentations mauvaises, et rougissant de nouveau sous le voile de ses cheveux, qu'elle ne se hâtait pas de renouer, en refusant d'abord cette invitation, je ne songeais pas aux conséquences que tu sembles craindre. Puisqu'il en est ainsi...

— Tu te décides à venir à cette soirée, chère enfant?

— Je crois maintenant comme toi que ce serait peut-être... plus convenable.

Puis Francine réfléchissant, ajoute :

— Mais non, André, nous ne pouvons accepter; tu oublies cette vente de livres au château de Stains, près Saint-Denis, à laquelle tu dois aller à deux heures, et qui peut, m'as-tu dit, te retenir une partie de la soirée?

— Cette vente est remise à demain; ainsi, nul obstacle. Donc nous acceptons; c'est convenu?

— Oui, mon ami; et cependant...

— Quelle autre objection?

— Pour aller à cette soirée...

— Eh bien?

— Je ne sais... je

— De grâce, Francine, achève.

— Mon ami, je... je... n'ose.

— Tu n'oses, — reprend le libraire surpris, cherchant à pénétrer la secrète pensée de sa femme; puis, après un moment de réflexion, il sourit, tire de sa poche son portefeuille, y prend un billet de cinq cents francs, et le remettant à Francine :

— Tiens, mon enfant, tu achèteras des dentelles, des rubans, que sais-je? enfin, de quoi te faire belle ce soir.

— André, comment, tu as deviné?

— Oh ! sans être grand sorcier, j'ai deviné que, par un sentiment d'amour-propre excusable à ton âge, tu craignais que la modestie de ta toilette contrastât avec celle de la femme de ce banquier de Lyon, dix fois millionnaire, et locataire du premier étage de la maison, sans parler de cette grande dame qui occupe avec sa famille l'hôtel du jardin. Or, si j'étais galant, je te dirais, Francine, qu'avec tes vingt ans, ta jolie figure, une robe très simple et une fleur dans tes cheveux, tu n'aurais rien à redouter de la comparaison des plus splendides toilettes ; mais je ne suis point galant ; mon affection pour toi est trop sérieuse, trop paternelle, mon enfant, pour parler le langage de la galanterie, et...

Le libraire s'interrompt en voyant une larme échappée des yeux de la jeune femme tomber sur le billet de banque qu'elle tient machinalement.

— Quoi, Francine... tu pleures? — demande M. Lambert avec inquiétude. — D'où vient ce chagrin?

— Je n'ai pas de chagrin ; mais la pénétration de ta bonté et ta délicatesse me touchent profondément, André. Il faut avoir un cœur comme le tien pour deviner ce qui me préoccupait tout à l'heure. Mon Dieu ! et penser que depuis trois ans de mariage, et après tout ce que je te devais déjà, ta bonté envers moi ne s'est jamais démentie !

— Parce que jamais en toi, chère enfant bien-aimée, ne s'est démentie cette qualité si précieuse à mes yeux : la sincérité. Cette qualité, jointe à la douceur de ton caractère et à ton dévoûment à tes devoirs de bonne ménagère, a été et sera toujours, ne l'oublie jamais, Francine, la base de mon tendre attachement; aussi le bonheur que je te dois me paie au centuple de ce qu'autrefois j'ai pu faire pour toi...

Cet hommage rendu à sa sincérité, au bonheur dont jouissait son mari, empourpra de nouveau les joues de la jeune femme, dont la tête était toujours penchée, à demi voilée par ses cheveux. Pendant un instant, une expression navrante contracte ses traits.

M. Lambert, ne pouvant remarquer l'émotion de Francine, lui disait en se dirigeant vers la porte :

— Je te quitte, car j'oubliais M. Tranquillin; je l'ai laissé à la merci du bavardage et de la curiosité de cet insupportable Bachelard. Je vais donc répondre que nous acceptons l'invitation de M. Wolfrang ?

— André, — dit vivement la jeune femme, — reprends ces cinq cents francs.

— Pourquoi cela ?... quelle idée ?

— J'irai à cette soirée ainsi que tu me le conseilles, avec une robe très simple et une fleur dans mes cheveux.

— Mais, mon enfant, je...

— Je t'en prie, André, reprends cet argent, je suis résolue à ne rien acheter.

— Singulier caprice !

— Pardonne-le moi, mon ami, et ne doute pas que ma reconnaissance ne soit la même que si je profitais de ta générosité.

— Soit, chère Francine ; mais ce qui est donné est donné, — dit en souriant le libraire. — Tu emploieras cet argent comme il te conviendra. Je vais demander à M. Tranquillin l'heure de la réunion, et je reviendrai t'en instruire, — ajoute le libraire en sortant.

— Ah! — se dit Francine après le départ de son mari, — accepter son offre eût été une indignité. Ce n'est pas pour lui que je voulais me faire belle. Hélas! pourquoi n'ai-je pas eu le courage de persister dans ma première résolution? J'ai tort, grand tort d'aller à cette soirée où je verrai M. de Luxeuil. Heureusement, ce sera la première et la dernière fois que nous nous rencontrerons... et puis j'aurai peut-être l'occasion de lui dire que je ne veux pas l'aimer, que je ne l'aimerai jamais! non! ô jamais! je serais trop coupable... André est si bon pour moi! et tout à l'heure encore... oh! c'est un ange, un ange de bonté.

IV

M. Borel, banquier de Lyon, plusieurs fois millionnaire, occupait, avec sa femme et son fils, l'un des deux appartements du premier de la *maison du bon Dieu*.

La famille réunie déjeûnait dans la salle à manger. M. Borel a soixante ans, sa femme quelques années de moins que lui, leur fils Alexis a dépassé l'âge de sa majorité.

— Ma foi, mes amis, — dit le banquier,

— cet appartement est si confortable, cette maison si parfaitement tenue, que j'ai grande envie de faire une folie.

— Voyons la folie, mon père?

— Je n'ai loué ce logis que pour trois mois. Appelé momentanément à Paris par mes affaires, et surtout afin de soumissionner le nouvel emprunt du gouvernement; mais comme je suis toujours obligé chaque année de résider à Paris pendant un ou deux mois, sans compter d'autres voyages de quelques jours, je suis presque résolu à garder cet appartement toute l'année, au lieu de courir d'hôtel garni en hôtel garni. Qu'en pensez-vous?

— Je pense, mon ami, que, lorsque comme toi l'on a gagné une fortune considérable par son travail et surtout avec une probité de plus en plus rare de nos jours, il est bien permis de se donner quelque satisfaction.

— Et ce bon père qui taxait de folie ce désir si simple!

— Ainsi vous êtes tous deux d'avis...

— Qu'il faut garder cet appartement à l'année, mon ami, puisqu'il te plaît, — répond madame Borel. — Je te demande un peu que nous importe une dépense de quelques milliers de francs de plus ou de moins? Seulement, comme le loyer doit être considéré, en grande partie du moins, comme une dépense tout à fait de luxe...

— Ah! ah! madame Borel, — dit en riant le financier, — je vous vois venir à pas de loup... avec vos pauvres sur vos talons.

— N'est-ce pas notre convention, mon ami? Distribuer en secours bien placés une somme égale à celle que nous dépensons pour nos plaisirs... ou pour notre superflu.

— Chère mère, tu es dans ton droit, — reprend gaîment Alexis; — le loyer de l'appartement est de trois mille francs, n'est-ce pas?

— Oui...

— Or, admettons que, lors des séjours indispensables que mon père ou moi nous faisons à Paris, nous dépensions environ mille francs chaque année pour notre logement en garni, il reste une différence de deux mille francs pour atteindre le chiffre de notre loyer actuel... Est-ce encore vrai, ma mère?

— Soit... et tu conclus?

— Je conclus que cette somme constituant

une dépense essentiellement superflue ; je créditerai ton compte des pauvres de deux mille francs de plus par année.

— Pas du tout, — s'écrie non moins gaîment M. Borel, — je proteste contre ces distinctions, contre ces subtilités.

— Voyons ta protestation, mon ami?

— La voici : moi ou mon fils nous passons en moyenne, et à diverses reprises, six semaines ou deux mois au plus à Paris. Mettons en moyenne six semaines, à savoir quarante-cinq jours ; c'est raisonnable, n'est-ce pas ?

— Oui, mon père.

— Eh bien, l'on peut trouver pour trois francs par jour à Paris une excellente chambre garnie, voilà le nécessaire ; donc, si je sais compter, quarante-cinq fois trois francs... font cent trente-cinq francs ; est-ce vrai, madame ma femme ?

— Très vrai.

— D'où il suit que sur les trois mille francs de loyer de notre appartement de Paris, il faut défalquer cent trente-cinq francs pour le nécessaire...

— Et en ce cas, mon ami, resterait au superflu deux mille huit cent soixante-cinq francs.

—Madame Borel, vous devriez vous appeler madame *Barême*, tant vous calculez promptement, — reprend le banquier. — C'est donc une somme de deux mille huit cent soixante-cinq francs dont mon fils voudra bien créditer le compte de vos pauvres; mais comme j'ai l'horreur des fractions, il créditera ledit compte de trois mille francs.

— Ah! mon ami, — reprit madame Borel avec émotion, — ta générosité est inépuisable.

— Allons, ma femme, tu me rends honteux, tu me fais rougir devant notre fils. Beau mérite que le mien, en vérité! ouvrir ma caisse et te dire : Prends.

— Mais, mon ami...

— Mais, madame Borel, je sais ce que je sais : que diantre! Est-ce que moi je monte dans les plus misérables mansardes de la Croix-Rousse pour y secourir les indigents? est-ce que je passe des heures entières au chevet de pauvres femmes malades? est-ce que je possède comme toi, chère et bien aimée femme, le génie de la charité, génie délicat et touchant? Il sait épargner à l'infortune jusqu'à l'amertume de l'aumône qu'elle reçoit, et il ne lui laisse que la douceur de la reconnaissance. Encore une fois, mon rôle est par trop facile : ouvrir ma caisse ; voilà tout !

— Mais cette caisse, bon père, qui la remplit? N'est-ce pas ton travail? n'es-tu pas à ton bureau dès le jour et avant le dernier de nos employés? n'es-tu pas l'âme, l'intelligence, la vie de la maison ? Et moi qui, depuis quatre ans déjà, me suis initié au secret de tes affaires, ne sais-je pas que cette immense fortune dont tu fais un si noble emploi, tu la dois, non-seulement à un labeur assidu, à ton génie financier, mais que tu as eu d'autant plus de peine et d'honneur à la gagner, cette fortune... qu'elle est pure de toute spéculation, je ne dirai pas même douteuse, mais de toute spéculation qui ne pût braver l'examen de la plus rigoureuse, de la plus ombrageuse probité?

— Alexis ! — dit M. Borel en rougissant, — mon enfant...

— Ton fils a raison, mon ami, — reprend madame Borel ; — faut-il te rappeler l'affaire Dumolard et compagnie? Tu pouvais, en acceptant les offres de cette maison, réaliser un bénéfice certain de plus d'un million, et tu as refusé ; pourquoi ?

— Pourquoi ? — ajoute Alexis, — parce qu'il répugnait à la délicatesse de mon père de s'associer à une maison dont le chef était un failli, cependant réhabilité par un concordat très honorable.

— Et l'affaire Morand, qui présentait de si importants bénéfices, que les plus fortes maisons de banque de Lyon se la disputaient ? — reprend madame Borel ; — on te l'offre, mon ami, et, après avoir consacré plus de deux mois à l'étudier, à la mûrir, tu allais donner ta signature, lorsque tu la refuses... en apprenant que l'un des cessionnaires se prétend et te semble lésé dans ses intérêts...

— Oui, et rappelle-toi, ma mère, qu'à ce sujet, la majorité du conseil d'administration, prouva à mon père qu'au point de vue légal la prétention dont il s'agissait était absolument inadmissible, qu'elle se bornait à une appréciation toute morale ; il n'importe : mon père met pour condition expresse à son engagement qu'il sera fait droit à cette réclamation; le conseil refuse, et mon père renonce à cette affaire.

— Désintéressement d'autant plus méritoire, — ajoute madame Borel, — que cette affaire est reprise par la maison Barclay, certes, des plus honorables; et elle y a gagné des millions que de moins scrupuleux que toi auraient gagnés, sans qu'on pût leur adresser le moindre reproche.

— Et la proposition de la maison Hengelmann de Francfort?

Au moment où la femme et le fils du banquier exaltaient ainsi à l'envi et avec bonheur son irréprochable probité, son ombrageuse délicatesse, un domestique entre, et s'adressant à M. Borel :

— L'homme de confiance du propriétaire demande à parler à monsieur.

—Voilà, mes amis, qui se trouve à vermeille, — dit à sa femme et à son fils M. Borel, semblant satisfait de cette occasion de se dérober à leurs louanges, — je vais demander à l'intendant de nous accorder un bail de trois ans.

— Pauvre père, — dit Alexis après le départ de M. Borel et du domestique, — sa modestie souffrait tellement de nous entendre le louer comme il mérite d'être loué, qu'il a été, j'en suis certain, enchanté de pouvoir nous échapper ; mais nous le rattraperons !

— Ah ! mon enfant, si tu savais combien je suis heureuse de voir que, comme moi, ce que tu apprécies, ce que tu admires davantage en ton père : *c'est l'honnête homme* dans la plus glorieuse acception du mot...

— En peut-il être autrement, chère mère ? Mon éducation entière n'a-t-elle pas tendu à enraciner en moi le culte, la religion de la probité ? Combien de fois mon père ne m'a-t-il pas répété : « Mon enfant, ne l'oublie ja-
» mais, dans la carrière des affaires, carrière
» si périlleuse pour la délicatesse... en raison
» d'une foule d'amorces offertes à la cupi-
» dité, il suffit d'une seule opération entachée
» d'improbité, pour vicier une fortune jus-
» qu'alors honorablement acquise, de même
» qu'il suffit d'un atôme de limon pour trou-
» bler la pureté d'une source. »

— Et cette morale rigide, ton père l'a toujours prêchée d'exemple, — répond madame Borel avec l'expression d'une douce fierté. — J'ai été initiée à ses affaires depuis le jour de notre mariage, et je n'ai pas vu ton père démentir une seule fois cette délicatesse, poussée, je dirais jusque à l'exagération, si l'on pouvait appliquer ce mot à un sentiment d'une nature si élevée.

M. Borel rentre à ce moment dans la salle à manger, disant gaîment à sa femme :

— Devine le but de la visite de l'homme de confiance de notre propriétaire ?

— Que sais-je, mon ami ?

— Il vient de la part de M. Wolfrang nous inviter à passer aujourd'hui la soirée chez lui.

— Mais nous ne connaissons pas du tout M. Wolfrand, — dit madame Borel, — et cette invitation...

— Est bizarre, n'est-ce pas, mes amis ?

— Fort bizarre, mon père ; et qu'as-tu répondu ?

— J'ai accepté, après avoir cependant d'abord refusé très poliment d'ailleurs.

— Quel motif t'a fait changer d'avis, mon père ?

— Une pensée d'un machiavélisme affreux, — reprend en riant le banquier ; — machiavélisme que m'inspirait le désir de conserver cet appartement à l'année.

— Explique-toi, mon ami.

— Vous savez que, par une clause de notre location, nous pouvons donner ou recevoir congé chaque trimestre ; cette clause nous a d'abord d'autant mieux convenu, que nous ne devions rester à Paris que deux mois.

— Sans doute, — reprit madame Borel, — mais elle nous devient maintenant gênante, puisque nous songeons à louer cet appartement à l'année.

— Évidemment. Aussi ai-je fait part de nos intentions à l'homme d'affaires, après avoir décliné l'invitation de son maître sous un prétexte très plausible.

— Et que t'a répondu l'intendant?

« — Je ne pense pas que M. Wolfrang se
» départisse jamais du droit de pouvoir,
» chaque trimestre, donner congé à ses loca-
» taires ; c'est chez lui un principe invaria-
» ble, — m'a objecté M. Tranquillin. — Ce-
» pendant, si vous lui aviez, monsieur, fait
» l'honneur d'accepter son invitation, vous
» auriez pu, ce soir, lui exprimer votre désir,
» et peut-être y eût-il accédé. »

— Fort bien, mon père, et, par suite de

cet affreux machiavélisme dont tu viens de te confesser, tu as accepté l'invitation de ce monsieur, dans l'espoir d'obtenir de lui notre bail à l'année?

— Hélas! oui, j'avoue ma scélératesse.

— Eh bien! que veux-tu, mon ami, puisqu'il le faut, nous serons les complices de ta scélératesse; et, pour ma part, je me mettrai en frais d'amabilité, afin d'amadouer le farouche propriétaire, — ajoute en souriant madame Borel; — je ne regretterai nullement mes coquetteries, car la fin justifie, dit-on, les moyens; et si nous obtenons un bail d'un an, c'est mille écus de gagnés pour mes pauvres.

— Ce M. Wolfrang me paraît devoir être un homme très original, — reprend Alexis Borel. — Et son intendant ne t'a donné, mon père, aucun détail sur ce bizarre personnage?

— Aucun; et à mes questions, il répondait constamment avec un flegme imperturbable : « — Si vous faites à M. Wolfrang l'honneur d'accepter son invitation, vous vous renseignerez par vous-même de ce que vous désirez savoir. » — Enfin, j'oubliais d'ajouter que les invités de cette soirée se composent exclusivement des locataires de cette maison et de ceux de l'hôtel du jardin, M. le duc et madame la duchesse della Sorga et ses deux fils. En un mot, M. Wolfrang réunit ce soir ses locataires, afin d'avoir l'honneur de nouer connaissance avec eux ; l'on ne peut, en somme, se montrer plus poli.

— Et moi, mon père, je suis maintenant enchanté de cette invitation.

— Pourquoi cet enchantement, mon garçon ?

— Il me sera donné de voir de près, et de contempler avec l'admiration et le respect qu'il mérite l'un des plus grands hommes et des plus courageux patriotes d'Italie !

— De qui veux-tu parler ?

De M. della Sorga, d'abord condamné à mort, puis proscrit par le gouvernement napolitain, car le duc et son frère, qui a péri sur l'échafaud, étaient à la tête de cette conspiration. Elle eut, il y a un an, beaucoup de retentissement dans les journaux.

— En effet, dit M. Borel, — je me rappelle maintenant ce nom de della Sorga ; il y eut même, hélas ! si j'ai bonne mémoire, plus de cent conspirateurs exécutés à cette époque...

— Hélas ! oui, mon père.

— Maintenant, mon ami, je partage l'intérêt que t'inspire ce noble exilé, — reprit M. Borel ; — aussi je m'applaudis doublement d'avoir accepté cette invitation.

— J'ajouterai un détail qui doit augmenter notre vénération pour cette famille, — dit madame Borel ; — ma femme de chambre me racontait hier que, selon ce qu'elle a appris des domestiques de l'hôtel, madame la duchesse della Sorga, très belle encore, malgré ses quarante ans, était un ange de vertu, le modèle des mères de famille ; elle ne vit que pour ses deux fils ; sa charité est inépuisable; chaque matin, cette dame sort à pied, modestement vêtue, afin d'aller entendre la messe d'abord, et ensuite s'occuper de bonnes œuvres surtout en faveur de ceux des proscrits napolitains, dont la misère aggraverait les malheurs de l'exil.

— En ce cas, cette grande dame a plusieurs points de ressemblance frappante avec certaine personne de ma connaissance, — sauf en ce qui touche la messe entendue chaque matin, — dit M. Borel, regardant sa femme en souriant ; — je ne m'attendais pas à ce que mon affreux machiavélisme dût nous introduire en si bonne et si haute compagnie.

M. Borel, entendant sonner midi à la pendule, ajoute :

— Voici midi ; allons, Alexis, rendons-nous au ministère des finances, où l'on prend à cette heure connaissance des offres des soumissionnaires de l'emprunt ; notre sort se décide en ce moment. Serons-nous adjudicataires ? Là est la question.

— Nous avons soumissionné en notre âme et conscience, mon père ; advienne que pourra !

— Adieu, chère femme ; — nous serons de retour de bonne heure, et si tu as reçu de l'intendant de la liste civile cette permission que j'ai demandée, afin de pouvoir visiter le château de Monceau, que l'on dit si merveilleux en raison des tableaux et objets d'art qu'il renferme, nous irons tous trois ensemble à Monceau.

— C'est convenu, mon ami.

— Encore adieu, — dit le banquier en prenant son chapeau, — et fais des vœux, madame ma femme, pour que la maison Jacques Borel et fils de Lyon, soit adjudicataire de l'emprunt.

— De ces vœux de ma part, tu ne doutes pas, mon ami ?

— Non ; mais ce dont tu ne te doutes guère, toi... c'est de ce qui t'attend, si le chiffre de notre soumission est accepté.

— Que veux-tu dire ?

— Alexis, ouvre la porte, et laisse-la toute grande ouverte, mon garçon, dit le banquier à son fils ; et, remarquant la surprise et l'hésitation du jeune homme, il ajoute avec une gravité comique : — Obéissez, monsieur mon fils, — obéissez à l'instant, ou sinon, morbleu !

— Épargnez-moi dans votre terrible colère, — répond le jeune homme non moins gaîment, en allant ouvrir la porte de la salle à manger.

— Votre ordre menaçant est exécuté, monsieur mon père.

— Très bien, car il faut toujours se ménager un moyen de retraite, afin d'échapper au péril que l'on redoute.

Puis, le financier s'adressant d'une grosse voix à sa femme :

— Et maintenant, madame Borel, retenez bien ceci, sac à papier ! oui, retenez bien ceci, madame : Dans le cas où nous serions adjudicataires de l'emprunt...

Mais s'interrompant afin de se retourner vers son fils, le banquier reprend :

— La porte est-elle ouverte, toute grande ouverte, Alexis ? le passage est-il libre ?

— Oui, mon père.

— Donc, madame Borel, dans le cas où nous serions adjudicataires de l'emprunt, notre bénéfice devant être de quatre millions au moins, je mettrai à votre disposition deux cent mille francs pour la fondation d'un hospice des ménages, près de notre maison de campagne.

Et courant vers son fils, qu'il prend par le bras et qu'il entraîne avec lui hors de la salle à manger, le financier s'écrie gaîment en s'enfuyant :

— Sauve qui peut ! mon garçon, nous serions écrasés par une avalanche de remerciments dont nous accablerait ta pauvre mère ; sauve qui peut ! sauve qui peut !

— Merci, mon Dieu, merci! — murmura d'une voix fervente et contenue madame Borel, restée seule et les yeux pleins de larmes, joignant les mains avec force : — Vous m'avez récompensée au centuple du peu de bien que je fais, en unissant ma vie à celle d'un pareil homme.

V

— Je voudrais avoir l'honneur de parler à M. Alfred de Luxeuil, s'il est visible, — disait M. Tranquillin au valet de chambre du *jeune homme à la mode* (style consacré), occupant l'un des deux appartements du second étage de la maison.

— Je vais savoir si monsieur peut vous recevoir, — répondit le serviteur. — Votre nom, s'il vous plaît?

— Tranquillin, l'homme d'affaires du propriétaire.

— Ah! pardon, monsieur, je ne vous reconnaissais pas, veuillez attendre un instant, — répliqua le domestique.

Et revenant au bout de quelques instants, il engage l'intendant à le suivre, et l'introduit bientôt dans un somptueux salon, où M. de Luxeuil déjeûne d'œufs frais et d'une tasse de thé.

Ce jeune homme est âgé de vingt-cinq ans environ ; sa taille élevée, svelte et souple se dessine avec élégance sous les plis flottants de sa robe de chambre. Il est remarquablement beau ; mais sa physionomie révèle une telle confiance en lui-même, une telle audace de fatuité, une foi si imperturbable dans la puissance irrésistible des séductions de sa personne, qu'il passerait à bien dire pour monomane à cet endroit, si de trop nombreux et de trop faciles succès n'attestaient à ses yeux que l'opinion qu'il a de son mérite invincible, si exorbitante, si insensée qu'elle doive paraître, n'est nullement exagérée.

— Bonjour, mon cher, — dit M. de Luxeuil à Tranquillin.

Et lui indiquant du geste une chaise basse de bois doré, tapissée de brocatelle pourpre et blanche, comme les tentures du petit salon :

— Asseyez-vous là...

— Monsieur, c'est trop d'honneur...

— Asseyez-vous là, vous dis-je : je suis bon prince, moi...

— Monsieur, ce sera donc pour vous obéir.

— Vous arrivez, mon cher, très à propos ; je voulais justement vous faire dire de passer chez moi.

— Enchanté, monsieur, d'avoir prévenu votre désir...

— Mon cher, mes chevaux n'ont jamais été logés comme ils le sont ici. Mon *hak* (1) est en possession d'un vaste *box* bien aéré où il peut évoluer en liberté, sans parler de la mangeoire de marbre, du ratelier de bronze historié qui font de ce *box* un modèle d'élégance.

(1) Cheval de promenade.

— M. Wolfrang désire que les chevaux de messieurs les locataires soient aussi satisfaits de la maison que leurs maîtres.

— Il y paraît. L'écurie qui avoisine ce *box* rivalise par son élégance avec ce que j'ai vu de mieux en Angleterre. Chaque stalle, menuisée en chêne, est une merveille de sculpture ; la muraille, revêtue de stuc vert pâle, encadrée d'arabesques ponceau, ne déparerait aucune salle à manger ; la sellerie, lambrissée de bois de citronnier rehaussée de bordures d'acajou ; enfin, les remises, vitrées, boisées et planchéiées, sont encore un modèle dans leur genre.

— Mon honoré maître sera, monsieur, fort aise de votre approbation.

— En somme, mes chevaux et moi, nous nous trouvons si parfaitement bien établis céans, que nous voulons y rester.

— Monsieur, ce désir si flatteur...

Tranquillin est interrompu par la rentrée du valet de chambre, apportant entre ses bras une énorme corbeille de violettes de Parme, au-dessus desquelles est déposée une enveloppe cachetée.

Le valet de chambre dépose la corbeille

sur un guéridon de mosaïque de Florence, tandis que M. de Luxeuil dit à son domestique insoucieusement :

— Bien, bien, cela vient de la rue d'Anjou, hein?

— Non, monsieur.

— De la place Beauveau, alors ?

— Non, monsieur, mais de la rue de Grenelle-Saint-Germain, et cette corbeille est accompagnée d'une lettre...

— Tiens... tiens!... de la rue de Grenelle? — se dit le *beau* assez surpris, et il ajouta :
— Donnez-moi cette lettre ?

— J'oubliais de dire à monsieur, que M. Bérard est là ; il arrive de Viroflay, — ajouta le valet de chambre, en remettant à son maître le billet déposé sur la corbeille de violettes :

— On attend la réponse de cette lettre, et...

— Comment ! Bérard est là, et vous ne le faites pas entrer tout de suite ! — dit M. de Luxeuil, jetant la lettre qu'il tient sur la table à déjeûner.

Puis, se levant brusquement, il s'élance à l'entrée du salon, et crie :

— Bérard! Bérard! arrivez donc!

M. Bérard s'empresse d'accourir à cet appel. A peine est-il entré, que M. de Luxeuil lui dit avec un accent de sollicitude et d'angoisse :

— Eh bien! comment va-t-elle ce matin?

— *Mademoiselle-Madeleine* n'est ni plus mal, ni moins mal qu'elle ne l'était hier.

— Ainsi, aucun changement?

— Aucun.

— C'est désolant!...

— Elle est toujours dans un état d'agitation extrême.

— Je le crois bien ! elle est si nerveuse !

— La fièvre est très forte; j'ai compté jusqu'à cent dix pulsations à la minute.

— Cent dix pulsations!... c'est énorme, n'est-ce pas, Bérard?

— Oui, monsieur, et de plus, le sommeil est rare, entrecoupé, la soif ardente, et c'est à peine si l'infusion que j'avais ordonnée a suffi à la désaltérer; les aspirations du poumon sont fréquentes, et souvent elle se plaint.

— Pauvre *Madeleine* ; — dit M. de Luxeuil d'un air attendri, apitoyé; — elle se plaint!

M. Tranquillin, ému de la sollicitude du *beau*, se livrait à cette réflexion philosophique :

— Ainsi va le monde ; ce jeune homme, à qui une grande dame, sans doute, envoie ce matin des fleurs, n'ouvre seulement pas cette lettre et ne songe qu'à la santé de mademoiselle *Madeleine*... quelque grisette, sans doute, à en juger par son nom baptismal... Il n'importe... l'attendrissement de ce jeune homme prouve qu'il a bon cœur.

— Enfin, que pensez-vous au juste de la maladie de *Madeleine ?* — reprenait M. de Luxeuil. — Vous croyiez que l'air de la campagne, le repos, le régime et un exercice modéré suffiraient à la rétablir ?

— Je l'ai cru d'abord, voilà pourquoi je vous avais engagé, monsieur, à envoyer *Mademoiselle-Madeleine* à Viroflay ; mais, la maladie, alors latente, a fait des progrès, et, si j'en crois mon diagnostic, qui m'a rarement trompé, elle est atteinte d'une péripneumonie à sa première période.

— Et cette maladie est grave ?

— Excessivement grave à sa seconde période ; mais à sa première période, elle offre des chances de guérison, et si, à ma visite de ce soir, l'état *Mademoiselle-Madeleine* ne s'est pas amélioré sensiblement, j'attaquerai énergiquement la maladie dans son siége, à l'aide de révulsifs : j'ordonnerai deux larges vésicatoires.

— Des vésicatoires ! — répète M. de Luxueil avec une répugnance douloureuse, mêlée d'anxiété ; — mais elle ne voudra jamais les supporter, vos vésicatoires... et puis ces traces hideuses...

— Ces traces disparaîtront, et dans un mois il n'en restera plus vestige,—répond l'homme de l'art. — Quant à la résistance de *Mademoiselle-Madeleine* (1) à l'application des vésicatoires, cette résistance serait facilement surmontée à l'aide du torche-nez, s'il fallait absolument recourir à cet expédient. — Sur ce, monsieur, je vous quitte, car je suis appelé, ce matin, chez lord Seymour, pour un cas de fracture fort grave.

— Qu'est-ce qu'il veut donc dire avec son

(1) Plusieurs juments de course ont reçu de ces noms bizarres, entre autres : *Mademoiselle Digorry*, jument de *steeple chase*, appartenant, nous le croyons, à M. Aumont.

torche-nez, M. le docteur? — se demandait naïvement Tranquillin. — Après tout, c'est sans doute un terme de l'art.

M. de Luxeuil, reconduisant M. Bérard jusqu'à la porte extérieure de l'appartement, lui réitéra les recommandations les plus instantes au sujet de la santé de l'intéressante malade. Puis le jeune beau, tout attristé, revint dans le salon, et se rasseyant accablé, dit à l'homme d'affaires :

— Pardon, mon cher, mais j'étais, mais je suis encore d'une inquiétude mortelle...

— Au sujet de cette pauvre mademoiselle Madeleine?

— Hélas, oui! je suis d'une inquiétude... Mais encore une fois, pardon, mon cher.

— Monsieur, ne vous excusez point, de grâce, ne vous excusez point. Une pareille sensibilité fait l'éloge de vos sentiments, et je...

— Cette perte serait pour moi irréparable.

— Ah! monsieur, ne prévoyez point un pareil malheur; il y a tant de ressources dans la jeunesse, et...

— Enfin, mon cher, que vous dirai-je? *Madeleine* franchissait de pied ferme un fossé de quinze pieds dont le revers était garni d'une haie de cinq pieds.

— Peste! la gaillarde, quel jarret! — s'écria Tranquillin, joignant les mains avec stupeur. — Est-il possible, monsieur? cette pauvre mademoiselle Madeleine sautait... des fossés de... quinze pieds... Bonté divine!... quinze pieds!... Révérence parler, cela me paraît, je n'ose dire... incroyable, cependant, je...

— Comment! mais il n'y a pas à douter de ce que j'affirme, mon cher, puisque ces sauts-là, c'est moi qui les lui ai fait faire.

— Quoi! cette jeune demoiselle... Hum! hum! — reprit Tranquillin. — En vérité, monsieur, je ne sais où j'en suis...

— Ajoutez à cela qu'elle m'a coûté sept cents guinées à Londres, chez Tattersall, où je l'ai achetée lors de la vente des écuries de lord Clamorgan. Elle s'appelait alors *Miss-Alicia*, et n'avait que trois ans...

— Achetée... à l'âge... de trois ans... — balbutie Tranquillin, complètement abasourdi, — lors de la vente d'une écurie!

— Sans doute ! *Madeleine*, à cette époque, était encore pouliche.

— Une pouliche !... Ah ! mon Dieu !

— Eh bien ! mon cher, qu'avez-vous donc ? vous semblez effaré.

— Une pouliche ! Et moi qui croyais...

— Et une pouliche du premier sang, s'il vous plaît, fille de *Ralph-Junior* et de *Lady-Burlesc*.

— Très bien, monsieur ; pardonnez à ma simplicité...

— Petite-fille de *Joseph II* et de *Fulvia*.

— Je ne conteste point...

— Arrière-petite-fille de *Comodor-Brown* et de *Duchesse*. Lisez le *Stud-Book*, mon cher, lisez le *Stud-Book*.

— Je vous crois, monsieur, sur parole...

— Et ce qu'il y a de désolant, c'est qu'avant sa maladie, j'ai engagé *Mademoiselle-Madeleine* dans le prochain *steeple-chase* de la Croix-de-Berny ; or, si ma jument ne peut courir, je serai obligé de payer forfait, et j'ai, aux yeux des niais... l'inconvénient... mais selon moi, l'avantage d'être fort serré, mon cher, et de tenir beaucoup à l'argent, malgré ma fortune. Il n'y a pas, voyez-vous, de petites économies; les pièces de dix sous font les pièces de vingt sous; et celles-ci font les louis!

— Monsieur, les prodigues sont les fous; économes sont les sages.

— Ce n'est déjà pas si bête, ce que vous dites là, mon cher. Mais revenons à notre entretien.

— Je suis, monsieur, tout à vos ordres; je me permettrai seulement une petite observation. Excusez la liberté grande.

— Parlez, parlez.

— L'on attend la réponse de la lettre que vous venez de recevoir, monsieur; et s'il vous plaisait de faire cette réponse, nous reprendrions ensuite notre entretien sans être interrompus.

— C'est vrai, j'oubliais cette lettre, — dit M. de Luxeuil, prenant l'enveloppe; et avant de la décacheter, il ajoute :

— Ainsi... vous permettez, mon cher?

— Ah! monsieur, je vous en supplie, — répond Tranquillin. Et il se dit à part lui;

— Étais-je assez oison d'aller m'imaginer que ce jeune homme oubliait une grande dame pour une grisette! Et cette dame, il l'oubliait pour qui?... pour une pouliche! Quel cheval que ce beau jeune homme-là! Ce n'est point un cœur qui bat dans sa poitrine... que dis-je?... dans son poitrail!

M. de Luxeuil a décacheté l'enveloppe, scellée d'un cachet largement armorié, d'où il tire une lettre de plusieurs feuillets, couverts d'une écriture très fine; il fait un geste d'épouvante à l'aspect de cette interminable missive, et se borne à jeter un regard nonchalant sur les dernières lignes de l'épître, qui doivent, selon lui, la résumer. Cette supposition ne l'a pas trompé, car il murmure à demi-voix en haussant les épaules :

— Quelle insupportable phraseuse!... huit pages de son écriture... (et quelle écriture!... des pattes de mouches microscopiques!...) le tout pour me dire qu'elle me conjure de renouer avec elle. Peuh! Héloïse est abominablement phraseuse, c'est vrai, mais je ne lis pas ses lettres; puis elle est très jolie et pas gênante; son mari est philosophe; elle a une très bonne loge à l'Opéra, où j'ai ma place; de plus, elle possède un excellent cuisinier; c'est toujours six francs de moins à dépenser lorsque je dîne chez elle, au lieu de dîner au club; or, une économie de trois dîners par semaine, à six francs chacun, c'est soixante-douze francs par mois, cent quarante-quatre francs pour deux mois; et... Tiens... mais j'y songe, tiens... c'est un peu plus que le prix d'une culotte de peau pour mon postillon à la Daumont; et justement la sienne a bientôt besoin d'être renouvelée... Eh bien, Héloïse a eu, par ma foi! une fameuse idée en m'écrivant... si à propos... Ce que c'est que l'amour, pourtant!

Après cette judicieuse réflexion, M. de Luxeuil, surtout frappé de sa dernière et triomphante considération à l'endroit de la culotte de son postillon, sonne son valet de chambre. Il entre, et son maître lui dit :

— Répondez que c'est bien, j'irai...

— Monsieur, c'est que...

— Quoi?

— Madame Justine, qui a apporté la lettre et les fleurs, a ordre de ne revenir qu'avec une réponse écrite.

— Eh bien, madame Justine retournera

sans réponse écrite, voilà tout. Encore une fois, dites que c'est bien et que j'irai.

— Il suffit, monsieur, — dit le serviteur en se retirant et laissant son maître avec Tranquillin.

IV

VI

M. de Luxeuil, après le départ de son valet de chambre, dit à Tranquillin :

— Pour revenir à notre entretien, mon cher, les écuries de cette maison et leurs dépendances sont tellement confortables, avantage presque introuvable à Paris, où les propriétaires lésinent toujours sur le terrain, tandis qu'au contraire M. Vol... Volfan... comment l'appelez-vous au juste?

— Wolfrang.

— Tandis que M. Wolfrang fait les choses en grand seigneur et en amateur, car il doit avoir... ou avoir eu la passion des chevaux, sans quoi il n'eût pas construit de pareilles écuries. L'on y remarque une entente des moindres détails du service, qui annoncent une expérience consommée.

— Mon honoré maître a possédé les plus beaux chevaux du monde.

— En ce cas, c'est évidemment un homme comme il faut; nous nous entendrons à merveille, et il m'accordera ce que je désire absolument, à savoir un bail d'au moins neuf ans.

— Monsieur...

— Je lui paierai, s'il le veut, une année d'avance.

— Monsieur, permettez, je...

— Ah! c'est que, voyez-vous, moi, mon cher, je suis un homme d'ordre et parfaitement réglé. Je tiens mes livres de recettes et de dépenses par *doit* et *avoir*. Oh! je n'ai rien de commun avec ces benêts qui mangent leur blé en herbe, se ruinent pour des drôlesses qui se moquent d'eux, ou par des parasites qui vivent à leurs crochets.

— Je ne doute point, monsieur, que vous soyez le personnage ordonné que vous dites, mais...

— Mes revenus se montent à cinquante-trois mille sept cents francs, sur lesquels, bon an mal an, je mets de côté cinq à six cents louis...

— L'épargne est, monsieur, une très sage coutume, mais je...

— Il n'est personne de plus économe que moi : ma toilette et mon écurie sont mon seul luxe. J'engage mes chevaux dans des courses dont je peux gagner le prix, mais je ne fais jamais de paris. Je n'ai de ma vie touché à une carte ni prêté un louis à quelqu'un. J'ai, entre autres, la réputation méritée d'être inflexible comme un roc au sujet de ces billets de loterie à vingt francs dont l'on est aujourd'hui poursuivi, et qui soutirent aux niais cinquante ou soixante louis par an. Or, savez-vous que c'est une somme, mon cher, soixante louis ?

— Certainement monsieur... c'est douze cents francs... mais...

— Justement les gages de mon valet de chambre... enfin les femmes ne me coûtent rien, bien entendu ; je suis très sobre : je déjeûne comme vous voyez : deux œufs frais et une tasse de thé ; je dîne à mon club pour six francs ; je suis donc ce qu'on appelle un jeune homme excessivement rangé. Je vous dis tout cela pour vous convaincre, mon cher, que votre maître ne peut trouver un locataire qui lui offre plus de garanties, plus de solvabilité que moi, et qui, après tout, fasse mieux honneur aux écuries de la maison par la beauté de ses chevaux, par l'élégance de ses attelages. Est-ce que cela n'est pas très à considérer.

— Certainement, mon honoré maître se félicite, se glorifie de voir ses écuries si noblement occupées par un locataire qui...

— En ce cas, c'est convenu, mon cher : un bail de neuf ans, avec paiement d'une année d'avance, dont je déduirai l'escompte à cinq pour cent, ainsi que cela se pratique lors de tout paiement comptant.

— Monsieur, permettez...

— Oh! je connais les affaires ; vous m'apporterez demain matin le projet de bail.

— Mais, monsieur... encore une fois...

— Je l'examinerai attentivement, parce que, voyez-vous, mon cher, j'ai fait mon droit : cela me procure l'avantage de n'être jamais dindonné. Donc, si le bail me semble bien et dûment libellé, je le recopierai tout entier de ma main...

— Vous n'aurez point cette peine... car...

— Ce n'est pas une peine, c'est une excellente précaution contre le danger de certaines clauses entortillées ou subreptices qui, trop souvent, vous échappent à la simple lecture des yeux, tandis qu'en recopiant le tout de sa main, et à tête reposée, l'on n'est jamais dupe d'une surprise. Mon cher, à demain matin, à dix heures.

— Pardon, monsieur, mais...

— A neuf heures, si vous le préférez.

— Ce n'est point de l'heure qu'il s'agit, monsieur, mais du bail ; je n'ai pouvoir ni de le conclure, ni même de le promettre ; il est indispensable que vous preniez la peine de vous entendre à ce sujet avec M. Wolfrang.

— Eh ! que ne disiez-vous cela tout de suite ! je le verrai votre maître, aujourd'hui même.

— C'est ce dont il osait se flatter, vu l'invitation que je suis chargé, monsieur, de vous faire de sa part.

— Une invitation... à quoi ?

— A passer la soirée aujourd'hui chez lui,

— Chez M. Vol... Vol...

— Wolfrang.

— Et pourquoi diable veut-il que j'aille passer la soirée chez lui ?

—Mais, monsieur, à seule fin d'avoir l'honneur de vous recevoir, ainsi que messieurs les autres locataires et mesdames les locatrices, invitées pareillement.

— Ah ! — fit M. de Luxeuil, en songeant à la femme du libraire. — Ah ! mesdames les locatrices seront aussi de la fête ?

— Elles en seront le plus bel ornement, — répond Tranquillin avec un accent de courtoisie chevaleresque ; — j'ai déjà la promesse de madame et de M. Lambert, le libraire, ainsi que celle de madame et de M. Borel le banquier ; je me flatte d'obtenir aussi la promesse de mademoiselle Antonine Jourdan, locatrice du troisième étage, et aussi la promesse de madame la duchesse della Sorga, qui occupe l'hôtel du jardin avec sa famille.

— Dites donc, mon cher, savez-vous qu'elle est jolie comme un ange, la petite femme du libraire ?

— Fort jolie, en effet, est madame Lambert, monsieur... Fort jolie assurément !

— Où diable ce vieux hibou de libraire a-t-il déniché cette charmante créature ?

— Révérence parler, monsieur, le terme de vieux hibou... me paraît...

— Qu'est-ce que ce ménage-là ? qu'est-ce qui se passe là-dedans ? vous devez savoir cela, vous, mon cher ? Allons, voyons, contez-moi la chose ?

— De vrai, je ne saurais, monsieur, rien du tout vous conter là-dessus, vu que j'en ignore absolument.

— Bah ! bah ! elle doit avoir un amant, cette petite femme-là.

— Ah ! monsieur, fi ! fi !

— Comment, fi ? Mais elle est ravissante, cette petite Lambert ; vous faites diantrement le dégoûté, mon cher.

— Ne prenant point la coupable liberté de me sentir ragoûté par la beauté de madame notre estimable locatrice, je ne saurais, *à fortiori*, faire le dégoûté.

— Peste! vous êtes un fin logicien, mon cher!

— Je hasarde ceci selon mon petit raisonnement.

— Et qu'est-ce que cette mam'selle Antonine Jourdan qui demeure au troisième? je l'ai rencontrée deux ou trois fois dans l'escalier ; elle m'a paru gentillette?

— Mademoiselle notre locatrice du troisième est élève du Conservatoire ; elle chante dans les concerts de salon ; aussi M. Wolfrang espère-t-il qu'elle voudra bien se faire entendre ce soir chez lui.

— Est-ce que c'est sage, cette chanteuse-là?

— Je me plais à croire, pour la dignité de la maison de mon honoré maître, que chacune de mesdames les locatrices en général, et mademoiselle Antonine en particulier, offrent l'exemple de toutes les vertus de leur sexe.

— Ah ça, dites donc, mon cher?

— Plaît-il, monsieur ?

— Vous devez avoir concouru pour le prix Monthyon, vous?

— En mon âme et conscience, monsieur, jamais!

— Vraiment ?

— Au grand jamais !

— C'est surprenant.

— Il en est cependant, monsieur, ainsi que j'ai l'honneur de vous le dire, et...

Tranquillin est interrompu par le bruit croissant d'une altercation élevée dans la pièce voisine, entre le valet de chambre de M. de Luxeuil et une femme qui semble absolument vouloir *forcer la consigne*, ainsi que l'on en peut juger par le dialogue que l'on entend du salon où se tiennent le jeune *beau* et Tranquillin.

— J'assure à madame que monsieur est absent.

— Ça n'est pas vrai, le portier m'a dit que Luxeuil était chez lui.

— Mais, j'assure à madame que...

— Je me fiche pas mal de vos assurances ! je veux entrer, et, foi de *Cri-Cri*, j'entrerai !

A ces mots, la portière du salon se soulève, et une très jeune et fort jolie femme, à la physionomie remarquablement effrontée, se précipite dans l'appartement, et s'adressant impétueusement à M. de Luxeuil :

— Ah! tu me fais fermer la porte, à moi, *Cri-Cri!* la troisième fois que je viens ici?

— Mais ma chère...

— Et tu crois que ça va se passer en douceur?

— En vérité, mademoiselle, ce tapage est indécent, — dit M. de Luxeuil, contraignant à peine son dépit, — il est inconcevable que vous prétendiez...

— De quoi? de quoi? Ah ça, tu crois donc que lorsqu'on a pour amant de cœur un pingre de ton acabit...

— Mademoiselle!!

— Oui, un pingre!... Est-ce que tu m'as seulement jamais offert un bouquet de vingt francs, un souper ou une loge de spectacle?

— C'est intolérable... et je...

— C'est donc bien le moins que je puisse te voir à ma guise, et quand ça me passe par la tête?

— Tenez... — décidément, vous êtes folle, ma petite, — dit M. de Luxeuil, s'efforçant de sourire, mais de plus en plus courroucé; puis faisant à Tranquillin signe de le suivre, en se dirigeant vers la pièce voisine, il dit à mademoiselle *Cri-Cri*:

— Attendez-moi là.

— T'attendre ? Ah ça, est-ce que je suis ta servante, dis donc ? Tiens, ne me pousse pas à bout, sinon je vas tout casser ici !

Mademoiselle *Cri-Cri*, voulant passer de la parole à l'action, court vers la cheminée, afin d'y saisir une paire de pincettes, à l'aide desquelles elle se propose d'instrumenter ; M. de Luxueil, tremblant dans son avarice pour une magnifique garniture de porcelaine de vieux Sèvres dont est ornée la cheminée, et dont il serait obligé de payer les dégâts, s'élance vers mademoiselle Cri-Cri, afin de mettre obstacle à ses intentions dévastatrices ; et d'une voix suffoquée par le dépit et la colère, s'adressant à M. Tranquillin en tâchant de prendre un ton plaisant :

— Avez-vous jamais vu pareil petit démon, hein, mon cher ? Vous direz à M. Wolfrang que je le verrai ce soir chez lui, et nous causerons du bail.

— J'ai l'honneur d'être, monsieur et madame, votre très humble serviteur, — répond Tranquillin en saluant révérencieusement la compagnie, et quittant le salon où il entend les éclats de voix de mademoiselle Cri-Cri, que M. de Luxeuil s'efforce d'apaiser, en lui disant avec l'accent le plus caressant et le plus amoureux :

— Voyons, mon petit Cri-Cri chéri, calme-toi, je te recevrai tant que tu voudras; mais, pas de folies : je suis logé ici en garni, et c'est moi qui paierais la casse, diable !

VII

Le second appartement du deuxième étage était occupé par M. de Francheville, sous-secrétaire d'État d'un ministère.

Ce haut fonctionnaire, âgé de soixante ans environ, s'entretenait avec un petit vieillard alerte et sec, d'une physionomie matoise, portant des besicles d'or, et coiffé d'une perruque noire artistement frisée; il avait nom M. Morin, et disait en ce moment au fonctionnaire :

— Enfin, mon cher monsieur, pour aller droit au fait, votre ministre, alité depuis quelques jours, vous a-t-il donné, oui ou non, carte blanche au sujet de ladite fourniture?

— Oui.

— Cette fourniture dépend donc absolument de vous?

— Absolument; le ministre signera l'acte que je lui soumettrai à ce sujet : c'est entendu entre nous.

— Cette signature, il peut la donner aujourd'hui?

— Sans aucun doute.

— En ce cas, pourquoi n'acceptez-vous point mes offres purement et simplement?

— Parce qu'il ne me paraît pas convenable de les accepter.

— Cependant, mon cher monsieur, cent vingt-deux mille francs en beaux billets de banque, et quittance générale de cent soixante et dix-huit mille livres que vous me devez;

total trois cent mille francs, c'est une somme (1).

— Évidemment, c'est une somme.

— Et une grosse somme, mon cher monsieur ; une fort grosse somme.

— C'est selon.

M. Morin jette par-dessus ses besicles un regard pénétrant sur le haut fonctionnaire, réfléchit pendant quelques instants, prend un crayon dans son portefeuille, fait quelques chiffres sur son carnet, semble les supputer, puis :

— Je vais jouer avec vous cartes sur table : La fourniture, acceptée par vous aux conditions que je propose, me produira, de bénéfice net, chiffre rond, huit cent mille francs.

— Et plus...

— Je vous affirme que...

— Votre bénéfice s'élèvera peut-être à un million... vous dis-je.

---

(1) Nous croyons devoir rappeler à nos lecteurs que le récit se passe sous le règne de Louis-Philippe, et ajouter, pour la vraisemblance de cette scène, que les scandales du procès *Teste* étaient encore récents à cette époque.

— Allons donc... monsieur de Francheville, un million !!

— J'ai fait aussi mes calculs.

— Ah! vous... avez fait... aussi... vos...

M. de Francheville hausse les épaules et jette à M. Morin un regard qui semble lui dire :

— Vous me prenez donc pour un imbécile ?

Le fournisseur s'empresse donc d'ajouter :

— Après tout, c'est juste : il faut bien se rendre compte des choses. Eh bien ! voyons, partageons le gâteau !... Quatre cent mille francs pour vous, quatre cent mille francs pour moi : ça vous va-t-il? Oh! c'est à prendre ou à laisser ; je n'ajoute pas un centime.

— Nous verrons.

— Oh! c'est tout vu... Et si vous refusez, j'ai ailleurs l'emploi certain de mes capitaux dans une opération plus avantageuse que celle-ci ; mais, je vous en préviens, je serai forcé de mettre en circulation les cent soixante-dix-huit mille francs d'obligations que vous m'avez souscrites en garantie des fonds que je vous ai prêtés depuis six mois environ; car ces obligations, je les ai jusqu'à présent gardées en portefeuille, selon ma promesse; or, il vous faudra me les rembourser intégralement, prenez garde!

— Une menace?...

— Allons, mon cher monsieur de Francheville, ne nous fâchons point, nous y perdrions l'un et l'autre; et, entre nous, vous seriez un ingrat... car l'intérêt dont je vous ai donné souvent des preuves...

— Oui... un intérêt... à huit pour cent... et quatre pour cent de commission!... telle est la preuve d'intérêt... que vous m'avez donnée... en me prêtant de l'argent à ce taux exorbitant... Ma gratitude, en effet, doit être extrême.

— Voyons, soyez juste : vous ne possédez pas un sou de fortune; est-ce que personne autre que moi aurait consenti à vous faire des avances aussi considérables?

— Vous saviez parfaitement que *ma position* me permettrait tôt ou tard de m'acquitter...

— Parbleu! est-ce que sans cela je vous aurais prêté un liard? Aussi, lors de votre premier emprunt m'avez-vous dit : « — Soyez

» sans inquiétude : je disposerai prochaine-
» ment de plusieurs fournitures considéra-
» bles, et nous nous entendrons. » — J'étais
persuadé qu'en effet je pouvais, grâce à vous,
faire un magnifique coup de filet ; mes seuls
risques étaient votre mort ou un changement
de ministère : mais, pour gagner beaucoup,
il faut risquer beaucoup ; je vous ai donc
d'abord avancé vingt mille francs puis vingt
mille autres, et ainsi de suite, jusqu'à la con-
currence de cent soixante et tant de mille
francs, dont je suis à découvert... Vous
m'avouerez que c'est raisonnable... et que si
vous continuez d'aller ce train-là... Mais ceci
vous regarde ; vous faites les choses en grand
seigneur, et, entre nous, cette petite fille est
fièrement heureuse de vous avoir ensorcelé.

— Monsieur Morin, assez sur ce sujet ;
nous parlons d'affaires ; chaque chose en son
temps...

— Soit. Eh bien ! acceptez-vous, oui ou
non, deux cent vingt-deux mille francs écus,
et quittance de vos obligations ; total quatre
cent mille francs ?

— J'accepte, mais à une condition.

— Laquelle ?

— Vous allez écrire une lettre sous ma dictée.

— Dans quel but ?

— Écoutez-moi bien. Cette fourniture, le ministère ne peut vous l'accorder en votre nom, puisque vous êtes failli non réhabilité, ensuite de plusieurs banqueroutes assez véreuses.

— C'est évident, et Gobert sera en cette circonstance mon homme de paille : c'est un garçon raisonnable ; il dépose le cautionnement de deux cent mille francs exigé par le gouvernement, et l'affaire se conclut sous le nom de Gobert et compagnie.

— Fort bien. Voici donc ce que Gobert et compagnie auront à m'écrire ; prenez une plume, je vais vous dicter le modèle de cette lettre... Vous déchirerez le brouillon, et il n'y aura rien de fait, car cette lettre est de ma part une condition absolue.

— Quoi ! cette lettre ?

— M'est indispensable ; et sans elle, je vous le répète, il n'y aura rien de fait ; aucun motif ne me fera changer de résolution à ce sujet.

— Voyons donc cette lettre; dictez, — répond M. Morin, prenant une plume et une feuille de papier, — j'écris...

« — Monsieur le sous-secrétaire d'État, » — dit M. de Francheville en dictant à M. Morin qui écrit. « — Veuillez être auprès de M. le
» ministre l'interprète de ma gratitude au
» sujet de la confiance dont il daigne m'ho-
» norer en m'accordant la fourniture que je
» sollicitais du gouvernement de Sa Majesté;
» soyez convaincu, monsieur le sous-se-
» crétaire d'État, que de cette confiance je
» me rendrai digne par la loyale et fidèle
» exécution des clauses de l'acte signé hier
» par M. le ministre. »

M. de Francheville s'interrompt, et s'adressant à M. Morin :

— Avez-vous écrit ?

— Oui ; mais, en vérité, je ne comprends pas à quoi peut vous servir cette lettre de remercîment.

— Attendez la fin et écrivez, — répond M. de Francheville ; et il continue ainsi sa dictée :

«—Je n'ignore pas, monsieur le sous-secré-
» taire d'État, que, chargé spécialement par

» M. le ministre de rédiger le cahier des charges
» et d'acquérir la certitude morale et maté-
» rielle que notre maison remplirait rigou-
» reusement les obligations qui lui sont im-
» posées, c'est surtout à votre intervention
» auprès de M. le ministre que je dois l'hon-
» neur d'être le soumissionnaire de ladite
» fourniture ; croyez, monsieur le sous-se-
» crétaire, que vous n'avez pas obligé un
» ingrat. »

— M. de Francheville s'adressant de nouveau à M. Morin :

— Avez-vous écrit ?

« — ... Que vous n'avez pas obligé un in-
» grat. » —répète M. Morin en achevant d'é-
crire ces mots ; puis, se tournant vers le haut
fonctionnaire :

— Que le diable m'emporte si je vois où
vous voulez en venir ? Et sans cette lettre,
dites-vous...

— Il n'y a rien de fait.

— C'est une énigme.

— Vous allez en savoir le mot. Poursuivez,
je dicte.

— J'écoute.

M. de Francheville reprend ainsi :

« Après avoir longtemps et vainement
» cherché le moyen de vous témoigner ma
» reconnaissance autrement que par des pa-
» roles, monsieur le sous-secrétaire d'État, j'ai
» pensé que, sans offenser en rien votre dé-
» licatesse si connue, je pouvais vous rendre
» l'intermédiaire d'une œuvre équitable et
» généreuse en faveur de pauvres artisans,
» dont le modique salaire est souvent plus
» qu'insuffisant. »

— Comment? quoi? que signifie? — dit M. Morin abasourdi, se retournant vers le haut fonctionnaire, — quels artisans ?

— Ne m'interrompez point, et écrivez, vous allez savoir ce dont il s'agit, — poursuit M. de Francheville.

Et il continue de dicter à M. Morin ce qui suit :

« Personne n'ignore, monsieur le sous-se-
» crétaire d'État, qu'une fourniture aussi
» considérable que celle dont notre maison
» est chargée, ne puisse et ne doive, grâce à
» une bonne et intelligente gestion, rapporter
» quelques bénéfices honorables et avouables.
» J'évalue le chiffre certain de ces bénéfices
» à environ deux cent mille francs ; mon

» désir, et celui de ma maison, serait que
» la moitié de cette somme fût, sous le sceau
» du plus profond secret, en ce qui touche
» son origine, distribuée par vos mains,
» monsieur le secrétaire général, aux honêtes
» artisans chargés de famille qui vous
» sembleraient méritants, et au fur et à mesure
» de leurs besoins.

» Ma maison acquitterait ainsi une dette
» envers l'humanité, et sa dette de reconnaissance
» envers vous, monsieur le secrétaire
» général, en vous mettant à même
» de satisfaire les nobles penchants de votre
» cœur, par la distribution de ces secours
» aux malheureux.

» Une personne sûre vous remettra cette
» lettre, dans laquelle sont inclus cent mille
» francs en billets de banque. »

— C'est donc cent mille francs de plus...
que vous exigez ! — s'écrie M. Morin, s'interrompant d'écrire.

Et jetant la plume :

— En ce cas, je vous dis à mon tour : il
n'y a rien de fait ; je ne consentirai jamais à
vous accorder un centime au-delà des quatre
cent mille francs convenus, et je...

— Je ne vous demande pas un centime de plus.

— Comment? et ces cent mille francs applicables à de bonnes œuvres faites à nos dépens?... Eh bien, elle est sur ma foi, fort commode, et surtout fort peu coûteuse, votre manière de pratiquer la charité!

— Vous êtes dans l'erreur : les cent mille francs dont il est question dans cette lettre, vous ne me les donnerez pas!

— Je ne vous les donnerai pas?

— Non; est-ce clair?

— Fort clair; mais le reste ne devient que plus obscur.

— Attendez...

— A quoi bon alors mentionner cette somme dans cette lettre? Et puis, d'ailleurs, cette lettre même offre un danger que...

— Achevez d'abord d'écrire, vous ferez ensuite vos observations, je vous répondrai, tout s'éclaircira.

— Dieu le veuille, car, jusqu'à présent, c'est la bouteille à l'encre! — Enfin, dictez, j'écris.

« Puis-je espérer, monsieur le sous-secré-
» taire d'État, — » poursuivit M. de Franche-

ville, — « que vous n'interpréterez pas au-
» trement qu'elle ne doit l'être, une démar-
» che inspirée par la gratitude et par la con-
» naissance de vos sentiments généreux.

» Si, cependant, contre toute prévision,
» cette offre de notre maison ne vous sem-
» blait pas acceptable, j'ose espérer qu'en
» la regardant comme non avenue, vous
» n'inculperiez pas du moins les bonnes in-
» tentions de celui qui a l'honneur de se dire,
» avec le plus profond respect, monsieur le
» sous-secrétaire d'État, votre très humble
» et très obéissant serviteur, etc. »

M. de Francheville ajoute, s'adressant à M. Morin :

— Est-ce écrit ?

— Oui. Et maintenant puis-je enfin savoir...

— Cette lettre, condition absolue de la concession de la fourniture, me sera remise par vous, (moins les cent mille francs qu'elle est supposée renfermer), ce matin, avant midi, ainsi que la somme en question, et tantôt, à trois heures, M. Gobert pourra se présenter à mon cabinet, au ministère : je lui remettrai la concession de la fourniture.

— D'abord, mon cher monsieur de Francheville, vous ne réfléchissez pas que cette lettre offre un inconvénient fort grave.

— Quel inconvénient?

— Celui de contenir une espèce de tentative de corruption envers un fonctionnaire public, très habilement déguisée, il est vrai; mais il n'importe, cette tentative (je connais mon code...) est passible de la police correctionnelle. Vous n'avez point, sans doute, mon cher monsieur, songé à cela?

— J'y ai tellement songé, au contraire, qu'une heure après sa réception, cette lettre sera déposée par moi au parquet de M. le procureur du roi.

— Hein! — fit M. Morin bondissant sur sa chaise et regardant M. de Francheville avec stupeur; — plaît-il?

— Je vous dis que la lettre de M. Gobert sera déposée par moi au parquet de M. le procureur du roi une heure après que je j'aurai reçue; c'est assez net, j'imagine?

— Fort net, — répond le fournisseur encore suffoqué par la surprise, — fort net, en vérité!... Ce qui ne m'empêche pas d'être abasourdi, renversé, de la parfaite placidité avec laquelle vous nous demandez de vous fournir bénévolement la corde qui doit servir à nous pendre, en nous avertissant, non moins placidement, de l'usage que vous voulez faire de ladite corde. Morbleu! c'est à n'y pas croire, et j'ai comme un éblouissement...

— Parce que, au lieu de regarder froidement au fond des choses, vous ne considérez que leur surface.

— Surface tant que vous voudrez ; il n'en est pas moins vrai que...

— Mais, encore une fois, ne vous arrêtez donc point aux apparences,—répondit M. de Francheville haussant les épaules ; — examinez donc le vrai des choses, et le vrai, le voici : *Primo*... point capital, cette tentative de corruption est faite, non pas *avant*, mais *après* l'obtention de la fourniture.

— D'accord... mais...

— Écoutez-moi bien, vous répondrez ensuite... Or, cette seule circonstance, sur laquelle j'attire votre attention, change complètement la nature du délit, si délit il y a... Remarquez bien ceci... ce n'est plus vouloir corrompre, puisque l'on a obtenu ce que l'on désire : c'est vouloir témoigner sa reconnaissance d'une façon blâmable, sans doute, aux yeux de la loi, mais au fond assez excusable. Enfin, la sincérité de l'offre, et ce qui touche le charitable emploi de la somme, peuvent être, sinon admis par le tribunal, du moins très habilement soutenus devant lui par l'avocat de M. Gobert (rappelez-vous ceci au besoin), lequel avocat devra invoquer, à l'appui de la bonne foi de son client, mon renom si mérité d'homme charitable et généreux, bien que je ne possède d'autre fortune que mes appointements. Ainsi, quoi d'étonnant à ce que M. Gobert ait cru ne pouvoir mieux me prouver sa gratitude qu'en me fournissant les moyens de venir en aide à l'infortune, etc., etc., etc. Voyons ! commencez-vous à comprendre ?

— Je commence... Ah! mon cher monsieur de Francheville...

— Eh bien ?

— Vous êtes d'une fière force !

— Je suis prudent ; j'ai souci de l'avenir et de ma bonne renommée, voilà tout. Il vous importe autant qu'à moi que cette affaire demeure secrète ; j'ai pris à cet effet toutes les précautions imaginables ; mais elles peuvent être déjouées par une circonstance imprévue : il peut transpirer que j'ai vendu cette fourniture ; les journaux hostiles au gouvernement du roi redoublent de violence depuis le déplorable procès que vous savez ; ils peuvent, je ne sais comment, être mis sur la voie de cette affaire, l'ébruiter...

— C'est impossible! tout se passe entre vous et moi, à l'insu même de Gobert, mon homme de paille; il ignore mes sacrifices pour obtenir cette fourniture. Mon intérêt... vous en convenez, vous répond de ma discrétion. Qui donc pourrait révéler nos arrangements ?

— Vous, par exemple !

— Comment! vous me croyez capable d'une telle indignité? est-ce qu'encore une fois mon intérêt ne vous répond pas de ma discrétion ?

— Mon cher monsieur Morin, en pareilles affaires, il faut toujours tabler sur ceci : — « Que notre complice est notre ennemi mortel
» et capable de se vendre lui-même, afin
» de se donner la satisfaction de nous perdre
» avec lui. »

— Me soupçonner de...

— J'ai besoin de faire mieux que vous soupçonner : il faut que je vous regarde comme mon ennemi implacable, et, partant de cette hypothèse, je me dis : — « Demain, » M. Morin voudrait, au risque de se perdre, » divulguer ce qui s'est passé entre nous, » quelle créance obtiendraient ses affirma- » tions? » — Examinons : M. Morin est flétri par des faillites quasi-frauduleuses, M. Morin est ce que l'on appelle dans le monde des affaires, un homme taré, véreux.

— Hum! le portrait n'est point précisément flatté.

— Nous ne sommes point ici pour échanger des madrigaux, mon cher monsieur Morin... ainsi je poursuis... ma supposition :
— Vous m'accuseriez de vénalité?... quelle créance obtiendraient vos affirmations?... Aucune probablement, si l'on comparait l'accusateur à l'accusé... Car enfin, quelle est ma réputation, à moi? excellente; mon intégrité a été jusqu'à présent irréprochable, oui, irréprochable... — répète M. de Francheville en étouffant un soupir involontaire. — Mon nom, mes services administratifs sont environnés de l'estime générale. Enfin, lors

de la fourniture en question, le soumissionnaire ayant tenté, non de me corrompre, — ma réputation d'honnête homme éloignait de lui la seule pensée de cette tentative — mais ayant voulu me témoigner sa gratitude, sincèrement peut-être, mais à la façon d'une âme peu délicate, j'ai été tellement blessé de ses offres, que je les ai déférées à la justice. Or, mon cher monsieur Morin, tout, sans doute, est possible, mais, je vous le répète, il est plus que probable que, si la question se posait ainsi entre vous et moi, vous seriez considéré comme un abominable diffamateur, car vous ne possédez pas une ligne de moi qui puisse me compromettre.

— Et vos obligations souscrites à mon profit?
— Vous êtes un enfant...
— Cependant, ces obligations...
— Est-ce que vous ne me les rendrez pas si l'affaire se conclut?
— C'est juste.
— Vous affirmeriez, je nierais, et je serais cru.
— Tout ceci est fort habile et fort profondément calculé, j'en conviens ; mais voulez-vous savoir toute ma pensée?

— Certes !

— Tenez, mon cher monsieur de Francheville, et ceci soit dit à votre avantage, c'est pour la première fois de votre vie que vous prévariquez...

— Oui, — répond le haut fonctionnaire, étouffant un nouveau soupir, — c'est la première fois.

— Et sans cette diablesse de *Cri-Cri*...

— Parlons affaires, monsieur Morin... parlons affaires...

— Soit. Eh bien ! novice en prévarications, vous vous exagérez le danger de la chose, vous recourez à un luxe de précautions et de combinaisons plus nuisibles qu'utiles, croyez-en un vieux routier.

— Trop de précautions ne nuisent jamais, au contraire ; aussi je tiens absolument à la lettre en question.

— Mais je vous en conjure, remarquez donc que si vous déposez la lettre au parquet, il y aura presque assurément des poursuites contre Gobert.

— Je l'espère bien, et pour ce, j'userai de toute mon influence personnelle et de celle du ministre.

— Et si Gobert est condamné?

— Tant mieux!

— En vérité, vous êtes d'un sangfroid... incroyable.

— A quoi Gobert sera-t-il condamné? à une peine très légère, puisque, je vous le répète, sa tentative de corruption aura eu lieu, non pas *avant,* mais *après* la concession de la fourniture, circonstance qui réduit le délit presqu'à néant ; puis, je vous le répète, son avocat doit surtout plaider la bonne foi de son client, qui, sachant mon renom d'homme généreux et charitable, malgré mon manque de fortune, aura cru, bêtement sans doute, mais loyalement, me faire une offre acceptable. En définitive, tout se résumera donc pour Gobert... au pis-aller, car il est fort probable qu'il sera acquitté, vu ses honorables antécédents... tout se résumera, dis-je, en deux ou trois mois de prison ; or, que vous importe, après tout, qu'il aille en prison, puisque, de fait, vous avez la gestion de cette fourniture ?

— Évidemment, je me passerais très facilement de Gobert ; mais il est douteux qu'il consente à écrire une lettre qui puisse l'amener sur les bancs de la police correctionnelle, l'exposer à quelques mois de prison ; il est, je vous l'ai dit, foncièrement honnête homme, mais ce n'est point un aigle.

— Justement. Ah ça ! vous n'avez donc pas lu ma lettre, quoique vous l'ayez écrite ?

— Qu'est-ce à dire ?

— Elle est justement dictée au point de vue d'un honnête homme d'un esprit un peu borné, tel que m'a paru M. Gobert lors de nos entrevues ; vous n'aurez donc qu'à le convaincre... (et rien ne vous sera plus aisé) que la fourniture obtenue, il serait convenable de me témoigner de votre gratitude en m'offrant cent mille francs à distribuer en bonnes œuvres, et que si je refuse cette offre, il n'en sera que cela. Rien ne pourra donc faire craindre à M. Gobert un procès correctionnel ; et, la condamnation échéant, vous direz à votre associé : « Qui se serait jamais
» attendu à ce qu'une proposition si honora-
» ble fût interprétée de la sorte ? Mais enfin,
» quelques mois de prison sont bientôt pas-
» sés ; une pareille condamnation n'entache
» en rien votre honneur. »

— Tout cela est bel et bon ; mais si Gobert

a le nez plus fin que nous ne le supposons et s'il se refuse à écrire la lettre ?

— En ce cas, mon cher monsieur Morin, je vous l'ai dit : il n'y a rien de fait.

— Et mes obligations, quand me seront-elles payées ?

— Lorsque se rencontrera l'occasion d'une autre fourniture ; mais cette occasion pourra ne pas se représenter de longtemps, je vous en préviens.

— Et jusque-là ?

— Vous attendrez. Vous avez trop de bon sens pour me mettre en demeure de vous payer ; vous savez que cela m'est radicalement impossible. Ferez-vous saisir une partie de mes appointements ? vous ne serez guère plus avancé.

— Maudite affaire !

— A qui la faute ? Il dépend de vous qu'elle succède à notre avantage à tous deux, moyennant cette lettre.

— Eh ! si cela ne tenait qu'à moi, vous l'auriez à l'instant.

— Vous ne me ferez pas croire qu'adroit comme vous l'êtes, vous n'obtiendrez pas cette lettre de Gobert, garçon borné, qui, de plus, vous doit tout.

— Enfin on verra, on tâchera; mais, je vous le répète, le luxe de précautions...

— Ceci me regarde, mon cher monsieur Morin.

— Et tant d'argent dépensé pour qui?... pour une petite coquine qui vous rira au nez lorsqu'elle aura mangé votre dernier sou.

— Non point. Je la tiendrai ferme et serrée.

— Ah! que vous connaissez peu ces créatures-là! Tenez, vous êtes novice en bien des choses, malgré vos soixante ans, mon pauvre monsieur de Francheville. Quand vous tiendrez une fille comme *Cri-Cri*, vous pourrez être aussi fier que si vous aviez déniché un merle blanc.

— J'ai mon projet, et s'il réussit, je vous déclare qu'elle sera, aussi longtemps que je le voudrai, soumise à mes moindres volontés.

— Et ce beau projet, quel est-il?

— J'ai, pour l'accomplir, compté sur vous.

— Comment cela?

— Oh! rien de plus simple. Si notre affaire se conclut, vous me donnerez en compte une lettre de change de mille francs à trois mois.

— A votre ordre ?

— Non pas. Cette fille ignore mon vrai nom, ma demeure et les fonctions que j'occupe...

— Il est vrai : vous êtes, aux yeux de *Cri-Cri*, M. Duport, négociant marié et retiré des affaires. Je vous donnerai donc en compte une lettre de change de mille francs tirée sur mon correspondant de Nantes.

— Et écrite tout entière de votre main.

— Soit... Et vous dites qu'à l'aide de cette lettre de change, cette endiablée *Cri-Cri*...

— Deviendra la plus soumise des femmes et restera dans ma dépendance absolue, m'eût-elle mangé, comme vous dites, jusqu'à mon dernier sou.

— Vous parlez sérieusement ?

— Très sérieusement. Je vous dirai le reste en temps et lieu. Donc, pour nous résumer, si vous m'apportez ce matin, avant midi, la somme convenue, mes obligations et la lettre de Gobert, la concession de la fourniture sera signée à trois heures par le ministre ; mais à quatre heures, la lettre de Gobert sera déposée au parquet de M. le procureur du roi ; c'est à prendre ou à laisser.

Le domestique de M. de Francheville ayant en ce moment frappé à la porte, il entre et dit à son maître :

— L'homme de confiance du propriétaire désirerait parler à monsieur.

— Priez-le d'entrer.

Puis, se levant, M. de Francheville ajoute, s'adressant à M. Morin :

— Au revoir, mon cher monsieur.

— Ainsi, vous m'attendez jusqu'à midi?

— Jusqu'à midi, mais pas plus tard, — répond le haut fonctionnaire à M. Morin, qui sort et se croise avec M. Tranquillin, lequel reste seul avec M. de Francheville.

VIII

M. de Francheville, demeuré seul avec Tranquillin, qui le salue très révérencieusement, lui montre du geste un siége et lui dit d'un ton sec :

— Asseyez-vous, monsieur, je voulais justement vous inviter à passer chez moi.

— Je suis ravi, monsieur, de...

— Et moi, monsieur, je ne suis point ravi du tout, tant sans faut, du tapage infernal que font journellement au-dessus de ma tête les locataires du troisième étage : c'est insoutenable !

— Pourtant, monsieur, l'unique désir du propriétaire, mon honoré maître, est que...

— Je ne sais pas ce que désire votre honoré maître, mais moi, je vous déclare, monsieur, que je désire dormir en paix ; aussi je suis résolu de quitter la maison, si l'on ne met fin au tapage dont j'ai à me plaindre...

— Je prendrai, monsieur, la liberté grande de vous demander quel est ce tapage ? M. Wolfrang s'empressera de faire droit à vos réclamations.

— Puis Tranquillin se dit :

— Hum ! voilà un locataire qui me paraît, d'après son accueil, devoir se montrer quelque peu récalcitrant au sujet de l'invitation dont je suis chargé pour lui.

— D'abord, monsieur, — reprend M. de Francheville, — tous les soirs, régulièrement, entre onze heures et minuit, heure à laquelle je me mets habituellement au lit, il s'établit une espèce de colloque entre l'un des locataires du troisième étage et son chien, colloque entremêlé d'un insupportable fredon sur l'air de la *Bonne aventure*, lequel fredon m'arrive très distinctement par le tuyau de la cheminée ; puis le colloque recommence avec le chien...

— Très bien... — Un barbet gris appelé *Bonhomme*, je le connais ; il ne lui manque, en effet, que la parole, et...

— Morbleu ! monsieur, plaisantez-vous ? Ce dont je me plains justement, c'est que ce maudit animal ne fait que japper depuis onze heures jusqu'à minuit.

— Je vous supplie de croire, monsieur, que j'ignorais les jappements indiscrets dudit *Bonhomme*, et dès à présent, les recommandations les plus formelles vont lui être adressées.

— C'est donc un fou qui habite cet appartement du troisième ?

— Non point que je sache, monsieur ; c'est un locataire fort paisible, sortant rarement, et s'en allant toujours trottant menu comme une souris, avec son chien sur ses talons, et...

— Je vous répète, monsieur, qu'il faut que cet homme-là soit fou, puisque chaque jour je l'entends, sans distinguer ses paroles, dialoguer avec son chien, lequel répond par des aboiements si aigus, si insupportables, que je finis par avoir les nerfs tellement agacés que, souvent, je ne puis m'endormir qu'à trois ou quatre heures du matin.

— Je m'empresse de vous assurer de rechef, monsieur, que les jappements de *Bonhomme* seront réprimandés comme il convient. Vous n'aurez à l'avenir aucun sujet de plainte, et monsieur Wolfrang continuera d'avoir l'honneur de vous compter parmi messieurs ses locataires, — dit Tranquillin. Et il ajoute à part soi : — Le voici apaisé, c'est le moment de glisser mon invitation. — Puis il répond à haute voix : — Tout étant dit, monsieur, au sujet des réclamations, j'aurai l'honneur de vous prévenir que je suis chargé de...

— Eh non, monsieur, tout n'est pas dit, — s'écrie M. de Francheville d'un ton de plus en plus impatient et bourru, — car au sabbat du soir succède le sabbat du matin.

— Ah! mon Dieu! Quoi donc encore, s'il vous plaît?

— Lorsqu'enfin je suis parvenu à m'endormir vers trois ou quatre heures, à peine le jour paraît-il, que je suis brusquement réveillé...

— Par cet endiablé jappeur de Bonhomme? C'est donc une peste que ce chien-là !

— Cette autre peste n'est pas le chien, mais une enragée chanteuse qui, dès l'aube, s'établit à son piano et commence une série de vocalises et de roulades qui ont le privilége de m'agacer autant, sinon plus, que les jappements du chien ; d'où il résulte qu'après avoir été tenu éveillé une partie de la nuit, si je trouve enfin le sommeil, je suis éveillé en sursaut par les gammes sempiternelles de cette locataire, et il m'est impossible de me rendormir tant je suis impatienté, outré, exaspéré, monsieur...

— Permettez...

— Oui, monsieur, outré, exaspéré; ainsi, je vous le déclare, si l'on ne met fin à ce tapage, je quitte la maison.

— Décidément, ce n'est point encore tout à fait le moment de glisser mon invitation, — pense Tranquillin, et il reprend : — Monsieur, permettez-moi, de grâce, une toute petite, et humble, et respectueuse observation.

— Je n'ai pas d'observation à entendre, monsieur, — reprend brusquement M. de Francheville, se levant, afin de faire comprendre à l'intendant que l'entretien a assez duré — Si le tapage dont je me plains ne cesse pas, je déloge au terme prochain ; — et se dirigeant vers la porte : — Pardon, monsieur, mais l'heure m'appelle au ministère ; vous ferez part à votre maître de mes intentions.

—Non, monsieur, — répond soudain Tranquillin, d'abord désolé d'être éconduit sans avoir pu *glisser son invitation*, et illuminé par une idée subite ; — impossible, monsieur, impossible!

— Qu'est-ce à dire? Vous refusez de faire part de mes réclamations à votre maître?

— Oui, monsieur, il m'en coûterait trop de vous obéir...

— Vous osez!...

— Révérence parler, je ne me chargerai point, s'il vous plaît, de cette commission-là.

— Vraiment?

— Je craindrais trop de chagriner mon honoré maître.

— Fort bien. Sortez, monsieur, je verrai

tout à l'heure votre maître et vous ferai tancer vertement.

— Monsieur, ah ! monsieur, de grâce, soyez-moi indulgent ! — dit Tranquillin d'un air piteux ; — épargnez-moi les remontrances de mon maître ; et d'ailleurs, vous ne le trouveriez point céans. Arrivé ce matin à Paris, il est absent pour toute la journée, ainsi que vous pouvez vous en assurer ; il ne sera de retour chez lui que ce soir vers neuf heures.

— Peu m'importe ! je le verrai ce soir à neuf heures, et il saura que vous avez eu l'impertinence de refuser de lui communiquer mes réclamations.

— Ainsi, monsieur, mes prières ne vous touchent point, — répond Tranquillin d'un ton lamentable ; — vous voulez absolument aller ce soir trouver mon honoré maître et...

— Certes, — répond M. de Francheville de plus en plus courroucé, indiquant du geste la porte à l'intendant. — Ce soir, à neuf heures, je serai chez votre maître, vous pouvez y compter ; je n'y manquerai pas.

— Eh ! mon Dieu ! voilà justement ce que je demandais, — pensait Tranquillin en saluant M. de Francheville jusqu'à terre. Puis

en sortant, le malin bonhomme se disait :
— Pourvu que ce récalcitrant se présente chez mon honoré maître, à l'heure où seront réunis chez lui les autres locataires, ce sera tout comme s'il venait en invité à la soirée... ce sera tout comme... Hé ! hé !

IX

Tranquillin ayant gravi les marches conduisant du second au troisième étage, arriva sur le palier où s'ouvraient les portes des appartements occupés par M. de *Saint-Prosper*, mademoiselle *Antonine Jourdan* et M. *Dubousquet*, propriétaire de *Bonhomme*. Un long cordon attaché à l'extrémité de la chaînette de bronze doré, appendice de la sonnette, était disposé de façon à pouvoir être saisi entre les dents du barbet, qui, au retour de ses diverses commissions, trouvait ainsi le moyen de signaler sa présence à son maître.

Tranquillin, afin de communiquer à M. Dubousquet l'invitation dont il était chargé pour lui, agita la sonnette. A son premier tintement répondirent trois jappements de *Bonhomme*; puis l'intendant, distinguant à travers la porte la voix de M. Dubousquet, entendit celui-ci dire au barbet, lequel, de nouveau, aboya trois fois d'un ton interrogant.

— Dame, je ne sais pas plus que toi qui peut sonner chez nous, mon pauvre *Bonhomme*, puisque nous ne recevons jamais personne.

Et entre-bâillant la porte, M. Dubousquet ajouta :

— Qui est là ?

— Moi, l'homme de confiance du propriétaire. Je viens de sa part vous dire deux mots, — répondit Tranquillin.

Aussitôt la porte s'ouvre devant lui, et pendant que le barbet le flaire aux jambes d'un air cogitatif, M. Dubousquet dit avec un accent d'empressement mêlé d'inquiétude :

— Donnez-vous la peine d'entrer, monsieur l'homme de confiance, donnez-vous la peine d'entrer.

Bonhomme, après s'être livré aux investigations de son odorat, semblait dire de son côté :

— Je reconnais ce monsieur, je l'ai souvent rencontré dans la cour de la maison ; il me caresse quelquefois ; donc, qu'il soit le bienvenu chez nous.

Et frétillant de la queue, le barbet précède allègrement son maître et l'intendant, qui entrent dans un salon très confortablement meublé.

M. Dubousquet paraît âgé d'environ cinquante ans ; ses cheveux gris, drus, épais et taillés en brosse, dessinent leur cinq pointes sur son front proéminent, surplombant de petits yeux gris, mobiles à l'excès et se dérobant d'habitude au regard qui s'attache sur eux. Son teint hâlé, tanné, a cette couleur de brique particulière aux gens qui ont longtemps vécu sur mer ou dans son voisinage. L'ensemble des traits de ce personnage ne prévient pas tout d'abord en sa faveur, et il est difficile de saisir la véritable expression de sa physionomie, car il envisage rarement son interlocuteur, et porte toujours la tête basse ; son attitude embarrassée, presque craintive, est humble à l'excès ; il se hâte d'avancer un fauteuil à Tranquillin, et s'assied modestement sur le bord d'une chaise, ayant entre ses jambes son chien accroupi sur son train de derrière ; les yeux noirs et intelligents de *Bonhomme* suivent tantôt les mouvements de l'intendant, et tantôt se reportent sur son maître.

— Je venais d'abord, monsieur, afin d'avoir l'honneur de m'enquérir de votre santé, — dit Tranquillin, — car, ayant, par hasard, appris de notre concierge que vous n'étiez pas sorti depuis assez longtemps, je craignais que vous fussiez indisposé.

— Comment, monsieur l'homme de confiance, vous daignez prendre la peine de venir vous-même... vous informer de ma santé ? — balbutie M. Dubousquet, les yeux baissés, semblant aussi surpris que confus de la marque d'intérêt qu'on lui témoigne. Et dans son étonnement, cédant malgré lui à la force de l'habitude, il ajoute, s'adressant à son chien en lui désignant Tranquillin d'un regard oblique :

— Tu entends, mon pauvre Bonhomme, monsieur l'homme de confiance prend la peine de venir s'informer de notre...

Mais s'interrompant, et honteux de ce colloque, M. Dubousquet s'empresse d'ajouter :

— Pardon, monsieur, mille pardons ; mais je vis toujours seul avec cette bête, et malgré moi, j'ai pris l'habitude de lui parler comme s'il pouvait m'entendre.

Bonhomme, à qui son maître, en lui adressant la parole, d'un coup-d'œil oblique désigné l'intendant, avec lequel le barbet n'avait eu d'ailleurs, jusqu'alors, que d'excellents rapports, va droit à lui et lui lèche les mains, comme s'il voulait témoigner de sa reconnaissance pour la preuve d'intérêt dont son maître est l'objet, tandis que celui-ci dit :

— Ici, Bonhomme, ici ! vous importunez monsieur.

— Pas du tout, pas du tout, nous sommes, lui et moi, de vieux amis, — reprend Tranquillin en donnant une dernière caresse au barbet, qui, obéissant à l'appel de son maître, revient se placer entre ses jambes. — Il y a longtemps que j'ai dit qu'il ne lui manquait que la parole, à ce chien, — ajoute Tranquillin. — Je n'ai jamais vu de plus intelligent animal.

— Ah! monsieur l'homme de confiance, c'est trop, vous me comblez, — dit M. Dubousquet, plus sensible encore peut-être à l'éloge de son chien qu'à la preuve d'intérêt dont il était si confus, si étonné; — je ne mérite point tant de bontés; ma santé, dont vous me faites l'honneur de vous informer, est très bonne. Je ne suis pas sorti depuis quelques jours, il est vrai, ainsi qu'a pu le remarquer M. le concierge, parce que je me trouve si parfaitement bien établi ici, que je préfère rester chez moi, sauf une longue promenade de temps à autre, que je fais, je vous l'avoue, beaucoup plus pour promener mon chien que pour mon plaisir particulier. Excusez ces détails bien puérils, bien ridicules, mais...

— Ils ne sont point du tout hors de propos, car, après m'être informé de votre santé, je venais justement et expressément, monsieur, vous entretenir de lui.

— De qui, s'il vous plaît?
— De Bonhomme.

Le barbet, entendant prononcer son nom, dresse ses oreilles, et, comprenant dès-lors qu'il joue un certain rôle dans la conversation, regarde alternativement son maître et Tranquillin. Celui-ci, remarquant le profond étonnement de M. Dubousquet, concevant à peine que l'on vienne *expressément* lui parler de son chien, ajoute :

— Je commence par vous prier de croire, monsieur, qu'au sujet de la petite réclamation dont il s'agit, je ne cède en quoique ce soit à un sentiment d'injustice ou d'animosité contre Bonhomme. Oui, je vous l'ai dit, nous sommes au contraire, lui et moi, très bons amis ; mais mon devoir m'oblige de vous informer, quoiqu'à regret, de ladite réclamation.

— Juste ciel ! une réclamation au sujet de mon chien ! — balbutie M. Dubousquet consterné, tremblant. Et dans son effarement, il cède de nouveau à la puissance de l'habitude, et s'adressant à Bonhomme avec un accent de reproche et d'alarme :

— Tu entends, l'on va peut-être nous renvoyer, l'on se plaint de toi. Qu'as-tu donc fait, malheureuse bête?... oui, qu'avez-*vous* fait, hein?

Ce *vous*, accentué d'un ton sévère, paraît surprendre et affliger Bonhomme. Il baisse la queue, contracte ses oreilles, se couche, s'aplatit aux pieds de son maître, et tournant vers lui sa tête ébouriffée, où brillent ses grands yeux noirs, devenus soudain humides de larmes, il regarde fixement M. Dubousquet avec l'expression d'une conscience si tranquille, que celui-ci s'écrie :

— Monsieur l'homme de confiance, je vous le jure sur l'honneur, mon chien est innocent! Je le connais comme moi-même; s'il avait quelque méfait à se reprocher, il n'oserait me regarder en face; et quand je lui ai dit *vous* d'un ton fâché, il serait à l'instant allé se cacher sous un meuble.

Le barbet, devinant sans doute sa justification au seul changement d'inflexion dans la voix de son maître, se relève, de couché qu'il était, se dresse sur ses pattes de derrière, et appuyant l'une de celles de devant, mais en hésitant, sur le genou de M. Dubousquet, il tient l'autre suspendue, semblant le questionner de ses regards et l'examinant avec quelque angoisse encore, comme s'il eût attendu d'être complètement réhabilité avant de se permettre d'appuyer sa seconde patte sur le genou de son maître. Mais celui-ci, d'un clignement d'yeux presque imperceptible, ayant encouragé le barbet, il ne doute plus de sa complète réhabilitation, et dans les transports de sa folle joie, il couvre de caresses M. Dubousquet, qui lui dit tout bas :

— Oui, oui, pauvre bête, je t'ai pardonné, tu n'as rien fait de mal, je te crois ; mais tiens-toi tranquille, tu me diras ta joie quand nous serons seuls.

L'intendant, témoin de cette scène, se sent très ému. Il feint de se gratter le coin de l'œil du bout de son index, dissimulant ainsi une larme qui humecte sa paupière, et, véritablement apitoyé sur le barbet, sur son maître, il se hâte de dire à ce dernier :

— Rassurez-vous, mon digne monsieur, rassurez-vous ; il n'est nullement question, et tant s'en faut, bon Dieu ! de vous signifier votre congé. Mon honoré maître tient au contraire extrêmement à vous conserver parmi messieurs ses locataires, ainsi que je vous en donnerai tout à l'heure la preuve irrécusable. Donc, encore une fois, ne craignez rien. Vous resterez ici, vous et *Bonhomme*, tant que cela vous conviendra.

— Ah! monsieur l'homme de confiance, s'il était vrai! — dit avec un allégement inexprimable M. Dubousquet, joignant les mains avec l'expression de la plus vive gratitude. — Il est si peu de maisons où l'on autorise les locataires à avoir un chien! Et puis le mien connaît déjà si bien le quartier, ainsi que les marchands auprès desquels je l'envoie en commission. Enfin je me trouve si heureux ici, que j'aurais un chagrin mortel s'il me fallait quitter cette maison, régie par une personne aussi bienveillante que vous daignez l'être pour moi, monsieur l'homme de confiance.

— Je vous le répète, mon digne monsieur, il n'est aucunement question de vous signifier congé. Je vais, en deux mots, mettre fin à vos inquiétudes en vous instruisant du sujet de ma petite réclamation à l'endroit de Bonhomme ; oui, mon garçon, à ton endroit, — — ajoute l'intendant, répondant au regard interrogatif du barbet, qui revenu se placer entre les jambes de son maître, et s'entendant nommer, tourne la tête vers Tranquillin. Celui-ci reprend :

— Voici le fait : M. de Francheville, qui occupe ci-dessous l'un des appartements du second étage, se plaint, mon digne monsieur, de ce que chaque soir, entre onze heures et minuit, il s'établit une manière de colloque entre vous et Bonhomme, lequel, ne possédant naturellement d'autre moyen de dialoguer, vous répond par des jappements réitérés.

— Je dois, monsieur l'homme de confiance, vous avouer en toute humilité que...

— Attendez, ce n'est pas tout...

— Hélas! — dit M. Dubousquet tout tremblant, — qu'est-ce donc encore?

— Calmez-vous, cher monsieur, pour l'amour du ciel! calmez-vous! le plus fort de la réclamation est articulé; voici donc Bonhomme hors de cause; maintenant c'est de vous qu'il est question.

— De moi! mon Dieu!

— Oui, mais il s'agit d'une misère, d'une babiole; la voici : Le même M. de Francheville se plaint encore de ce que vous entremêlez votre colloque du soir avec Bonhomme d'un continuel refrain, sur l'air de la *Bonne aventure, ô gué!* lequel fredon, renouvelé chaque soir à la même heure, avec accompagnement continu des jappements de votre chien, possède, il paraît, le don d'agacer, d'horripiler à ce point votre voisin de ci-dessous (extraordinairement nerveux... ce me semble), qu'il ne peut s'endormir avant trois ou quatre heures du matin. Telles sont, mon digne monsieur, les deux petites réclamations que j'ai l'honneur de vous transmettre.

— Il y sera fait droit, monsieur l'homme de confiance, je vous le jure! — s'empresse de répondre M. Dubousquet. — J'avais, je le confesse, la puérile habitude, ou plutôt la ridicule manie, pensant d'ailleurs n'incommoder personne, de parler à mon chien avant de m'endormir, et de chantonner un vieil air dont j'ai été bercé dans mon enfance; mais, dorénavant, je vous en donne ma parole, je ne fredonnerai plus jamais le soir, et nous deux Bonhomme, nous ne soufflerons plus mot. Monsieur le locataire du second étage n'aura donc, à l'avenir, jamais à se plaindre de nous. Daignez assurer M. le propriétaire, que l'on ne nous entendra pas plus, Bonhomme et moi, que si nous n'existions pas.

— Mais, point du tout, mon digne monsieur, ce serait une exorbitante tyrannie exercée par le second étage sur le troisième, et M. Wolfrang ne souffrira pas une pareille énormité. Vous avez, saperlotte! le droit de parler, de fredonner chez vous à votre guise, en observant seulement de ne point troubler le repos de vos voisins.

— D'accord, monsieur l'homme de confiance; mais j'aime cent fois mieux, voyez-vous, renoncer à ce qui est peut-être mon droit que de risquer de provoquer de nouvelles réclamations, et ainsi d'encourir peut-être la disgrâce de M. le propriétaire, qui alors, ne gardant plus aucun ménagement, nous signifierait notre congé. Grand Dieu! à cette pensée, je ne sais plus où j'en suis.

— Mais encore une fois, mon digne monsieur, n'ayez donc pas cette crainte, — répond Tranquillin.

Et croyant trouver une adroite transition, il ajoute en souriant :

— M. Wolfrang est tellement désireux de vous conserver céans, qu'il m'a chargé de vous prier de vouloir bien lui faire l'honneur de venir passer aujourd'hui la soirée chez lui.

M. Dubousquet, d'abord muet de stupeur, envisage pour la première fois Tranquillin en face ; puis, désignant sa propre personne en portant à trois fois son médium au creux de son estomac, il articule enfin d'une voix effarée :

— Moi ! invité ! moi !

Et regardant *Bonhomme*, qui ne le quitte pas des yeux, son maître semble aussi lui dire:

— Tu entends? moi, invité !

Ce à quoi le barbet, moins modeste que M. Dubousquet, paraît répondre :

— Tiens ! pourquoi donc pas ?

— Cette invitation doit d'autant moins vous surprendre, mon digne monsieur, — reprit Tranquillin, — qu'elle est commune à messieurs les locataires et à mesdames les locatrices que mon honorable maître s'estime heureux de réunir ce soir chez lui ; j'espère donc que vous lui faites l'honneur d'accepter son invitation ?

— Moi ! — répond M. Dubousquet presque suffoqué, — moi ! lui faire l'honneur de...

— Certainement M. Wolfrang sera très honoré de votre présence à cette petite réunion, — dit Tranquillin.

Et se levant, il ajoute :

— Sur ce, monsieur, comptant sur votre acceptation, je vous présente mes très humbles civilités.

— Monsieur, de grâce ! je vous en supplie !...

— Quoi ? qu'avez-vous, mon digne monsieur ? vous voici encore tout bouleversé !

— Monsieur l'homme de confiance, depuis plusieurs années, je vis complètement seul et en dehors du monde ; veuillez donc supplier M. le propriétaire de daigner m'excuser...

—Allons ! mon cher monsieur Dubousquet, vous ne résisterez pas à mes instances... vous viendrez ?

— Cela m'est impossible, je vous assure.

— Eh bien ! je vous le demande en grâce, au nom de mon honoré maître !

— Je suis désolé d'être obligé de persister

dans mon refus, monsieur l'homme de confiance, — reprend M. Dubousquet, — mais je ne puis absolument accepter cette invitation... dont je suis d'ailleurs profondément honoré...

— Fort bien ! — reprend Tranquillin affectant d'être piqué de l'obstination du locataire ; — cette invitation ne vous agrée point, n'en parlons plus, monsieur, n'en parlons plus... je suis votre serviteur...

— Pour l'amour du ciel !... ne vous courroucez pas... monsieur... je...

— Il vous déplaît de venir chez M. Wolfrang; à votre aise, monsieur, ne venez pas chez lui, vous êtes parfaitement libre dans vos déplaisances...

— Écoutez-moi, par pitié ! je...

— Mon honoré maître croyait faire envers vous acte de courtoisie ; il se trouve, au contraire, qu'il vous a offensé ; il en sera marri... très marri...

— Je vous en conjure ! n'allez pas lui dire que je me trouve offensé, il n'en est rien ; au contraire, je...

— Vous serez le seul, parmi messieurs les locataires, qui aurez repoussé l'invitation de

M. Wolfrang; soit, chacun se conduit à sa guise.

— Malheur à moi! me voici mis au ban de la maison, — s'écrie Dubousquet, tandis que Tranquillin, le guignant du coin de l'œil, et préjugeant le bon succès de sa ruse, ajoute:

— Qu'il en soit ainsi, monsieur, vous brillerez par votre absence de cette réunion de famille.

— Nous sommes perdus, mon pauvre *Bonhomme!* Le propriétaire courroucé de mon refus, nous donnera congé, — balbutie M. Dubousquet, qui, dans son anxiété, s'adresse de nouveau à son chien.

Celui-ci, remarquant l'accent douloureux de la voix de son maître, lui lèche les mains et lui répond par un léger grognement plaintif.

Enfin, M. Dubousquet, pâle, agité, visiblement en proie à une cruelle lutte intérieure, réfléchit, et paraissant prendre une résolution désespérée, s'écrie :

— Eh bien, j'irai, monsieur, j'irai à cette réunion ; mais, je vous en supplie! n'instruisez pas M. Wolfrang de mes hésitations à accepter sa trop flatteuse invitation ; cela pourrait l'indisposer contre moi.

— Soyez assuré, mon digne monsieur, que mon honoré maître ne saura rien, sinon que vous lui faites le plaisir d'accepter son invitation. Il peut donc compter sur vous ?

— Oui, monsieur l'homme de confiance, répond M. Dubousquet avec accablement, oui, j'irai !

— L'on se réunit à huit heures.

— A huit heures, soit !

— Sur ce, monsieur, je vous présente mes civilités, — dit Tranquillin, se levant.

Et il gagne la porte extérieure de l'appartement qui lui est ouverte par M. Dubousquet, morne, consterné, abattu, et que le barbet a suivi pas à pas.

— Ah ! mon pauvre *Bonhomme !* — murmure Dubousquet d'une voix étouffée, après le départ de l'intendant, — quelle soirée ! bouté divine ! quelle soirée !

Un jappement du chien ayant répondu à ces paroles de son maître, celui-ci ajoute précipitamment :

— Tais-toi, tais-toi ! nous incommodons les voisins, l'on nous renverrait d'ici ; tais-toi ! nous parlerons tout bas !

X

M. de Saint-Prosper, occupait l'un des deux autres petits appartements situés au troisième étage de la *Maison du bon Dieu.* Ce locataire, âgé d'environ quarante ans, doué d'une physionomie remarquablement douce et placide, — était assis devant son bureau, et corrigeait les épreuves d'un prospectus en tête duquel on lisait:

ŒUVRE D'ALIMENTATION
POUR LA PREMIÈRE ENFANCE.

SOUSCRIPTION CHARITABLE

Ouverte sous la direction de M. de Saint-Prosper et sous le patronage de mesdames la marquise de Verteuil, — la comtesse de Montrichard, — la princesse de Luxen, — lady Hariett Wilson, — la baronne Van Heck, etc., etc.

PRIX DE LA SOUSCRIPTION :

(En blanc)

Par mois.

Le chiffre du prix mensuel de cette souscription était l'objet des méditations actuelles de M. de Saint-Prosper ; ce prix, il l'avait d'abord porté à *dix francs* par mois, puis réduit à *cinq francs*, puis soudain élevé à *vingt francs*. Il allait se fixer à ce dernier chiffre et l'écrire sur l'épreuve, lorsqu'il hésita, jeta sa plume, en se disant :

— Non, c'est trop, c'était bon lorsque je ne voyais dans cette fondation qu'un... expédient... et un coup de filet... mais le succès dépasse toutes mes prévisions... Cette œuvre dont je ne soupçonnais pas la portée, a rencontré une sympathie si vive et si générale, que cela devient pour moi une affaire sérieuse... très sérieuse... pécuniairement parlant. C'est une véritable poule aux œufs d'or... Sans parler de l'incroyable considération qui rejaillit sur moi, et à laquelle je suis d'autant plus sensible que jusqu'à présent... ce n'était pas précisément ce sentiment-là que j'inspirais. — Il faut donc que le chiffre de la cotisation soit normal... suffise à couvrir les frais de l'œuvre, et à m'assurer une large existence... Peut-être faut-il porter le chiffre à dix francs...

Et, pensif, M. de Saint-Prosper appuie son front entre ses deux mains.

Une jeune servante, assez jolie, mais d'une pâleur extrême, et qui semblait relever d'une longue maladie, desservait en silence un guéridon sur lequel venait de déjeûner M. de Saint-Prosper. Cette jeune fille, profondément triste et absorbée, paraissait obéir à une impulsion machinale, en se livrant aux divers soins de son service ; mais, tout à coup, son regard devient fixe, presque hagard, et se mouille bientôt de larmes. Cachant son visage dans son tablier, elle tombe assise sur une chaise, en poussant des sanglots déchirants.

A ce bruit, M. de Saint-Prosper se retourne brusquement; il réprime un mouvement d'impatience qui lui échappe, se lève, et s'approchant de sa servante, il lui dit d'une voix onctueuse et pénétrante :

— Eh bien, eh bien, Toinette, qu'avez-vous encore ?

— Laissez-moi ! — répond la servante, redressant soudain la tête, et la dégageant ainsi des plis de son tablier ; puis, l'air presque égaré, elle répète :

— Laissez-moi !

— Toinette, — reprend M. de Saint-Prosper d'une voix plus onctueuse encore, — mon enfant, revenez à vous, calmez-vous !

— Ah ! vous êtes bien heureux, vous, d'être calme !

— C'est que je suis raisonnable, et vous ne l'êtes pas, Toinette.

— Avoir de la raison ! est-ce que je peux ?... non... Quand je pense à cela... voyez-vous... c'est plus fort que moi ! — balbutie la servante suffoquée par les larmes, — et elle ajoute avec un nouveau sanglot :

— J'en mourrai! je vous dis que j'en mourrai! Ah! c'est plus tôt que j'aurais dû mourir! Pourquoi ai-je quitté Lyon! j'avais bien raison de vouloir rester près de ma mère. Mon Dieu... mon Dieu! il y a donc un sort jeté sur... notre famille !

— Sachez donc, ma pauvre Toinette, vous résigner à ce qui est irréparable, — dit M. de Saint-Prosper avec l'accent du plus tendre intérêt ; — ayez donc du courage! dites-vous donc que, hélas! les plus grands chagrins ont forcément leur terme... et il en sera du... vôtre...

— Jamais celui-là n'aura de fin!... non, jamais! — murmure la servante, continuant de sangloter ; — je serais sous terre que je pleurerais encore !

— Mais, pauvre chère créature, songez donc...

— Tenez, vous me donnez le frisson avec votre voix douce ; laissez-moi! vous me faites peur !

M. de Saint-Prosper entend sonner à la

porte extérieure de l'appartement, et dit vivement à la jeune fille :

— On sonne, allez ouvrir la porte.

Mais se ravisant, M. de Saint-Prosper ajoute :

— J'irai moi-même ouvrir ; vous avez la figure bouleversée, inondée de larmes ; rentrez dans la cuisine en passant par ma chambre à coucher et par le couloir.

Ce disant, M. de Saint-Prosper quitte son cabinet, va ouvrir la porte à laquelle Tranquillin a sonné ; puis il l'introduit dans la pièce dont la servante éplorée vient de sortir.

— Bonjour, monsieur Tranquillin, — dit M. de Saint-Prosper, veuillez vous asseoir.

— Je suis confus de vous avoir donné la peine de m'ouvrir vous-même votre porte. Est-ce que votre servante est toujours malade ? Ce serait dommage : elle paraît être une excellente fille.

— Excellente fille, en effet ; mais elle entre en convalescence et se trouve encore bien faible ; tout à l'heure je l'ai engagée à aller se reposer.

— Je ne vous dérange point ?

— Pas du tout, mon cher monsieur Tranquillin ; — dites-moi maintenant à quoi je dois attribuer le plaisir de votre visite.

— Je suis chargé de la part de mon honoré maître...

— Est-ce qu'il est de retour à Paris ?

— Depuis cette nuit.

— En ce cas, je pourrais avoir l'honneur de le voir demain ?

— Aujourd'hui même, si vous y consentez.

— Certainement, et avec empressement !

— M. Wolfrang m'a chargé de venir vous prier de passer la soirée chez lui, ce soir, à huit heures.

— Vraiment ? Eh bien, cela se rencontre à merveille.

— A la bonne heure, — se disait l'intendant ; — avec celui-ci, mon invitation va comme sur des roulettes...

— Je désirais justement demander à M. Wolfrang quelques moments d'entretien, — reprend M. de Saint-Prosper, — afin d'obtenir de lui un petit service, si toutefois il n'y voit aucun empêchement.

— Monsieur Wolfrang sera, je n'en doute point, tout à votre service.

— Mais, pardon, il me faut vous adresser une question préliminaire : est-il marié ?

— Je ne saurais, monsieur, vous renseigner précisément là-dessus.

— Comment ! vous ignorez...

— Séparé depuis longtemps de M. Wolfrang, j'ignore s'il s'est marié durant ses voyages.

— Cependant, vous l'avez vu hier... ou ce matin ?

— Évidemment, puisqu'il m'a chargé d'une invitation pour vous.

— Eh bien, en ce cas, vous devez savoir si...

— Mon honoré maître ne m'a accordé que le temps nécessaire pour nous entretenir de ses affaires, et n'a point jugé à propos de me faire de confidences... si tant est qu'il en ait à me faire...

— Enfin, en admettant que M. Wolfrang soit marié, je voulais lui demander d'abord si madame Wolfrang consentirait à être l'une des dames patronnesses de mon œuvre philantropique, destinée à...

— ... L'alimentation de la première enfance. Ah! monsieur de Saint-Prosper, la noble et charitable idée que voilà !

— Ah ! vous êtes déjà instruit de ce projet ?

— Les journaux en ont fait mention, et tout le monde, dans le quartier, vous comble de bénédictions.

— Mon cher monsieur Tranquillin, vous exagérez...

— Point! point! vous êtes un *saint Vincent de Paule,* monsieur de Saint-Prosper.

— Allons, allons.

— Toutes les mères vous béniront !

— Ce serait ma plus douce récompense, reprend modestement M. de Saint-Prosper.

Et il ajoute d'un ton *récitatif*, semblant annoncer que, bien souvent déjà, il a prononcé, ou plutôt psalmodié ces paroles.

— C'est, voyez-vous, quelque chose de si profondément touchant, de si digne d'un tendre intérêt qu'une pauvre petite créature qui vient au monde, exposée à tant de périls, et si frêle, si délicate, qu'il suffit d'un souffle pour la briser ! Elle n'a de refuge que dans le sein maternel, où elle trouve la chaleur et la source de la vie. Mais, souvent, trop souvent, hélas! la misère a glacé, tari le sein maternel.

— Ah ! monsieur, vous me navrez l'âme.

— Ou bien le lait vicié que la mère donne à son enfant devient meurtrier pour lui, ou bien enfin, d'autres causes, non moins fatales, amènent la mort de milliers de pauvres petites créatures ! C'est à ces maux affligeants que mon œuvre remédiera, je l'espère, grâce à un moyen simple, peu coûteux, que la charité peut mettre à la portée des plus pauvres, et surtout d'un succès infaillible.

— Et ce moyen, quel est-il ? car tout ceci m'intéresse au dernier point...

— Permettez-moi, mon cher monsieur Tranquillin, de réserver la primeur de cette découverte à madame Wolfrang, si elle daigne me faire l'honneur d'être l'une des patronnesses de mon œuvre.

— Œuvre sublime ! monsieur... Votre nom sera inscrit parmi ceux des bienfaiteurs de l'humanité ! Oui, et je le répète, au risque de blesser votre modestie, on dira *saint Prosper*, de même que l'on dit *saint Vincent de Paule.*

— Monsieur Tranquillin, ménagez-moi, de grâce !

— Si je vous admire, monsieur, c'est votre faute et non la mienne ; mais il faut que vous ayez eu des enfants, et que vous les ayez idolâtrés, pour que la pensée d'une pareille fondation vous soit venue à l'esprit ?

— Je suis, vous le savez, célibataire.

— Sans doute, sans doute ; mais enfin, — hum !... hum !... — reprit Tranquillin avec un pudique embarras, — mais enfin, soit dit... sans inculper vos bonnes mœurs, — et elles sont exemplaires... — vous avez été jeune homme, et parfois... les jeunes gens... hum ! hum !... vous m'entendez bien ?... — Dame ! ça s'est vu...

— Jamais la Providence ne m'a accordé le bonheur d'être père... et je me dédommage de cette privation en cherchant à arracher à une mort presque certaine des milliers de pauvres enfants du peuple.

— Ah ! monsieur de saint Vincent de P..., non, monsieur de Saint-Prosper, quelle gloire pour cette maison d'avoir été le berceau de votre charitable projet ! Elle mérite maintenant, grâce à vous, d'être appelée, ainsi qu'on l'a baptisée dans le quartier, *la Maison du bon Dieu.*

— Le ciel m'a inspiré, voilà tout.

— Il n'inspire que des cœurs généreux comme le vôtre.

— Afin de couper court à des louanges dont je suis embarrassé, mon cher monsieur Tranquillin, je vais commettre une nouvelle indiscrétion. J'aurais encore une faveur à demander à M. Wolfrang.

— Laquelle, s'il vous plaît?

— De me présenter à madame la duchesse della Sorga, qui habite avec sa famille l'hôtel du jardin.

— Rien de plus facile. Madame la duchesse, ainsi que les autres locataires de la maison, assistera, je l'espère, à la réunion de ce soir, et mon honoré maître pourra vous présenter à madame della Sorga.

— Je désirerais vivement la compter aussi parmi les dames patronnesses de mon œuvre, à laquelle plusieurs nobles étrangères ont déjà bien voulu s'intéresser.

— Si j'en juge d'après la piété notoire de madame la duchesse, qui sort à pied chaque matin afin de se rendre aux offices et de visiter ses pauvres, elle regardera comme un devoir de patronner votre œuvre.

— Ainsi, mon cher monsieur Tranquillin,

vous voudrez bien être auprès de M. Wolfrang l'interprète de mes deux demandes.

— Assurément, — répondit Tranquillin en se levant ; — la réponse que mon honoré maître vous fera lui-même ce soir, sera, je n'en doute point, conforme à vos désirs ; et c'est, pénétré de cet espoir, monsieur, que j'ai l'honneur de vous présenter mes très humbles civilités.

— A revoir, mon cher monsieur Tranquillin, — dit M. de Saint-Prosper, en accompagnant l'homme de confiance jusqu'à la porte de l'appartement. Près de cette porte s'élevait une cloison vitrée, en carreaux dépolis ; elle formait l'une des parois de la cuisine, où la servante s'était rendue par ordre de son maître. Celui-ci, prenant congé de Tranquillin, lui dit :

— A revoir, mon cher monsieur...

— Adieu, monsieur saint Vincent de P... ; non, je me trompe... eh bien, non ! je ne me trompe point, et je répète et j'articule tout haut, bien haut : Adieu, monsieur saint Vincent de Paule, car vous m'avez donné le droit de vous qualifier ainsi, vous, à qui tant de pauvres petits enfants devront la vie et...

Un cri déchirant, étouffé par un sanglot, se fit soudain entendre derrière la cloison vitrée, attenant à la cuisine, et auprès de laquelle se trouvait alors Tranquillin; il s'interrompit, et tressaillant, dit à M. de Saint-Prosper :

— Ah! mon Dieu! quel cri douloureux !... il m'a été au cœur.

— C'est ma servante, — répond M. de Saint-Prosper avec un accent profondément apitoyé ; — la pauvre fille, à peine rétablie de sa longue maladie, est en proie depuis deux jours à une rage de dents si atroce, qu'elle la rend presque folle, tant elle souffre parfois.

— Vous me rassurez, mon cher monsieur, car, en vérité, ce cri m'avait fait frissonner jusque dans la moelle des os! Du reste, je sais quel terrible mal c'est que le mal de dents; et, pour calmer les tortures de cette pauvre fille, je vous recommande particulièrement le *créosote Billard*; j'ai expérimenté ce spécifique, il est souverain.

— Le créosote Billard? très bien ; je n'oublierai pas votre recommandation et vous en remercie. A revoir donc, mon cher monsieur Tranquillin.

— A revoir, mon digne et vénérable monsieur. Veuillez ne pas oublier que l'on se réunit ce soir, chez mon honoré maître, à neuf heures.

— Je serai exact...

LXI

Tranquillin, en sortant de chez M. de Saint-Prosper, traverse le palier afin de se rendre chez mademoiselle Antonine Jourdan, locataire du deuxième appartement situé au troisième étage. L'intendant approchait la main du cordon de la sonnette, lorsque, voyant la porte s'ouvrir soudain de dedans en dehors, il s'efface machinalement le long de la muraille, se trouve ainsi masqué par le développement du battant de cette porte, et entend le bruit d'un baiser d'adieu, accompagné de ces mots prononcés par une voix d'homme :

— A demain, ma petite Antonine, compte sur ma promesse.

— Ne manque pas de venir avant midi, — répond la jeune fille ; — je sors à une heure pour mes leçons.

— Sois tranquille, je serai chez toi à l'heure dite — répète l'autre voix.

Tranquillin, inaperçu des personnes qui venaient d'échanger ces paroles, masqué qu'il était à leurs yeux par le battant de la porte, qui bientôt se referme, aperçoit alors un homme de cinquante ans environ, mais d'une tournure juvénile encore, descendre les degrés d'un pas alerte. Sa figure martiale, ses épaisses moustaches grises, et un ruban rouge noué à sa boutonnière, faisaient supposer que ce personnage appartenait à l'état militaire.

L'intendant n'avait pas été le seul témoin de cette scène d'adieux ; le commis Bachelard, chargé par le libraire de porter des livres dans un grenier, redescendait l'escalier du quatrième étage, lorsqu'il s'arrêta, remarquant au-dessous de lui Antonine Jourdan embrasser l'homme aux moustaches grises qu'elle avait reconduit jusqu'à sa porte en prenant congé de lui.

— Oh! fameux!... quelle découverte!... fameux!... Quelle bonne aubaine! Je ne l'ai pas cherchée, celle-là! elle me tombe des nues! Quelles délices! quels cancans dans la *Maison du bon Dieu!*... — s'était dit Bachelard. — La chanteuse du troisième qui becquotte un vieux à moustaches. Elle le tutoie, la malheureuse!... Elle lui roucoule amoureusement de ne pas manquer de revenir demain; et le vieux roquentin de répondre : « Sois tranquille, je viendrai! » Ils se tutoient, ils s'embrassent! Plus de doute, le vieux troupier fait des rentes à la jeune chanteuse!... Eh bien... c'est du propre!... Qu'est-ce qui aurait jamais cru une telle horreur ? Cette donzelle a l'air si honnête fille lorsqu'elle sort avec son carton à musique sous le bras, son parapluie et ses socques!... Et penser qu'à son âge... ce grison... C'est indigne! Ah bien ! c'est le cas de le dire, qu'il y aura aujourd'hui du bruit dans Landernau...

Quels cancans! la langue me démange. A qui vais-je octroyer la primeur de ma découverte?... voyons... à qui?... Ma foi... à tout le monde ; il n'y aura pas de jaloux...

Pendant que le commis regagnait son magasin, en se livrant à ces peu charitables réflexions, Tranquillin, presqu'aussitôt après la rentrée d'Antonine chez elle, avait sonné à sa porte, et était bientôt introduit par une femme de ménage dans le charmant petit salon où la jeune artiste, assise depuis un instant devant son piano, préludait à ses études par quelques gammes et par des vocalises, si légères, si mélodieuses, qu'elles semblaient s'échapper du gosier d'un rossignol.

Au-dessus du piano se voyait le daguerréotype d'un jeune homme d'une figure énergique, revêtu de l'uniforme de cavalier des chasseurs d'Afrique. Un autre portrait, placé au fond du salon, représentait, de grandeur naturelle, une femme à cheveux gris, d'une figure remarquablement belle et vénérable.

Antonine atteignait alors sa vingt-deuxième année. Cheveux châtains, yeux bleus frangés de cils noirs, regard ferme et loyal, bouche riante et purpurine, aux dents éclatantes ;

physionomie ouverte, enjouée ; figure plus expressive, plus attrayante que régulièrement jolie ; teint rose et blanc, taille charmante et pied d'enfant, tel est, en peu de mots, le signalement de la jeune artiste, à qui l'intendant disait en ce moment :

— Mademoiselle, j'ai l'honneur de vous présenter mes très humbles respects et de vous demander pardon de la liberté que j'ai prise de...

— Je vous pardonne cette liberté, mon cher monsieur Tranquillin, — répond gaîment Antonine. — Mais, de grâce, pas de cérémonie entre nous ; soyez le bienvenu et causons.

— Je ne vous dérange point ?

— Au contraire, je suis enchantée de vous voir.

— Et quoi me vaut, mademoiselle, un si flatteur accueil ?

— Votre figure...

— Mademoiselle, je... ne sais... je... en vérité, je ne...

— Ne vous troublez pas, ne rougissez pas, mon bon monsieur Tranquillin ; ce n'est pas une déclaration que je vous adresse... N'allez pas croire cela au moins!...

— Juste ciel! Ah! mademoiselle, pour concevoir seulement l'ombre d'un soupçon si monstreux, il faudrait que je fusse...

— Un monstre! ce que vous n'êtes pas, tant s'en faut. Vous devez être, vous êtes, j'en suis certaine, le meilleur des hommes; aussi l'aspect de votre bonne et honnête figure, toujours si placide, si bienveillante, me met, comme on dit vulgairement, du baume dans le sang. Voilà pourquoi je suis enchantée de vous voir. Donc, qu'avez-vous à me dire ce matin?

— Mon honoré maître, de retour de voyage, donne aujourd'hui une soirée.

— Fort bien.

— Il aurait le plus vif désir que vous daignassiez charmer cette soirée par ces mélodieux... ces délicieux accents qui...

— Bon, bon! il désire que je vienne chanter chez lui, n'est-ce pas?

— Tel serait son plus vif espoir...

— J'irai, c'est convenu!... Veillez seulement à ce que le piano soit d'accord.

— Ah! mademoiselle, que de bonté, surtout que de bonne grâce ! Tant d'autres se feraient prier...

— Me faire prier ! je serais donc ingrate?... C'est bien le moins que je tâche d'être agréable à un propriétaire modèle, introuvable, grâce à qui je suis logée comme une princesse pour un prix très modéré.

— Pardon, mademoiselle, je crois que nous ne nous entendons point...

— Comment cela?

— Et d'abord, mademoiselle, je serais aux regrets, au désespoir, de blesser en quoi que ce fût votre délicatesse, soyez-en convaincue.

— Je le crois, de reste, mon bon monsieur Tranquillin. Mais rassurez-vous, je ne suis nullement susceptible, par cette raison que j'ai un excellent caractère... et j'ai un excellent caractère... par cette autre raison que je suis très heureuse, et que, de plus... j'ai la conscience de mériter d'être heureuse. Je ne me ménage pas les compliments, vous le voyez.

— Ces compliments-là, mademoiselle, sont des vérités, d'éclatantes vérités.

— Je ne dis pas non; j'aime mieux paraître glorieuse que de mentir par fausse modestie. Mais pour quel motif craindriez-vous de blesser ma délicatesse, mon bon monsieur Tranquillin?

— M. Wolfrang, en espérant que vous voudriez bien vous faire entendre dans cette soirée, considérerait comme un véritable larcin de vous priver de la légitime rémunération de... de...

— En un mot, il tient, si je viens chanter chez lui, à me payer?

— Ah! mademoiselle, ce mot malséant... grossier...

— Comment, malséant... grossier?... mais je ne trouve pas cela malséant du tout, moi, au contraire, puisque je vis des leçons de chant et des concerts que je donne.

— Et cela vous en honore davantage, ma chère demoiselle.

— Donc, si M. Wolfrang tient absolument à me payer, mon bon monsieur Tranquillin, je recevrai son argent, voilà tout. J'avais d'abord songé à me faire entendre chez lui par pure courtoisie, mais je trouve tout simple qu'il désire rémunérer mon chant, comme cela se fait habituellement.

— En ce cas, mademoiselle, — dit l'homme

de confiance, tirant de sa poche un billet de cinq cents francs qu'il remit à la jeune artiste, — voici ce que mon honoré maître m'a chargé de vous offrir, ajoutant qu'il vous serait encore et toujours redevable de...

— Pas du tout ! c'est moi, au contraire, qui vous suis redevable de quatre cents francs, que je vais vous rendre, — répond Antonine en se levant et allant prendre dans le tiroir d'un meuble de salon vingt louis qu'elle rapporte en disant d'un air de triomphe enjoué :

— Ah!... ah!... vous le voyez, l'on a quelques économies, mon bon monsieur Tranquillin, et les *artistes* sont parfois bonnes ménagères ; n'est-ce pas ?... Je me suis, ainsi peu à peu amassé une petite dot, et je l'augmente chaque jour ; mais j'y pense, à propos de dot, est-ce que je ne vous ai pas encore présenté mon fiancé ?

— Non, mademoiselle, vous ne m'avez point fait jusqu'à cette heure cet honneur-là.

— Eh bien, vous allez le voir, — dit la jeune fille, faisant quelques pas ; — je suis certaine qu'il vous plaira... il est si gentil!...

— Comment, mademoiselle, il est ici...

— Certainement.

— Ici... chez vous ?...

— Je le crois bien, il ne me quitte jamais, — ajoute Antonine, — se dirigeant vers le piano, tandis que l'intendant répète, ébahi :

— Il ne vous quitte jamais !... il serait... céans ! céans !!

— Mon Dieu, oui... je suis une drôle de fille, et je me compromets joliment, n'est-ce pas ?... — et décrochant de la boiserie le daguerréotype, la jeune artiste revient près de Tranquillin, puis, lui montrant le portrait, elle ajoute gaîment, avec une gentille révérence : — Je vous présente M. Albert Gérard, mon fiancé, sous-officier aux chasseurs d'Afrique. N'est-ce pas qu'il est beau ?

— Fort beau, mademoiselle. Quel mâle visage !

— Ah ! si l'on pouvait daguerréotyper l'âme, le cœur, ce serait bien autre chose, allez mon bon monsieur Tranquillin, et ce portrait-là vous paraîtrait bien supérieur à celui-ci !

— J'en suis persuadé, mademoiselle.

— Il n'a, ou plutôt il n'aurait qu'un défaut... mais... qui n'en a pas ?

— Et quel défaut... mademoiselle ?

— Il est jaloux, et sous l'impression de ce sentiment, son caractère d'une douceur extrême deviendrait d'une violence terrible...

— Que voulez-vous, ma chère demoiselle... j'ai ouï dire que lorsque l'on aimait... passionnément... l'on devenait... fût-on un agneau... un véritable tigre. Ainsi moi... par exemple... moi... si j'avais aimé... passionnément...

— Vous seriez devenu un tigre, mon bon monsieur Tranquillin !

— Dame!... il paraît... et c'est effrayant, savez-vous ?

— Heureusement Albert n'a jamais eu et n'aura jamais de sujet de jalousie... car je devrais dire qu'il serait jaloux... et non qu'il est jaloux...

— Et où se trouve-t-il actuellement votre fiancé, chère demoiselle ?

— Il est en Afrique où il achève son temps de service, ensuite nous devons nous marier; voilà pourquoi j'amasse une petite dot, que M. Wolfrang vient d'augmenter de cent francs, et, à ce propos, voici l'argent qui vous revient sur le billet.

— Mais, mademoiselle, — répond l'intendant, refusant d'accepter les vingt-louis que lui offre la jeune artiste, — M. Wolfrang m'a chargé de vous remettre ce billet de cinq cents francs.

— Parfaitement ; mais, si, de cinq cents francs on retranche cent, restent quatre cents que voici ; — et Antonine ajoute en riant : — l'on sait, je vous prie de le croire, au moins ses quatre règles.

— Je ne puis, mademoiselle, recevoir ces vingt louis ; ils sont à vous...

— C'est une plaisanterie ; il serait par trop curieux qu'après avoir consenti à être payée par votre maître, moi qui comptais chanter pour rien chez lui, je lui fisse payer cette soirée quatre fois plus cher qu'à tout autre, puisque l'on me donne habituellement cent francs par concert.

— Cependant, mademoiselle...

— Oh ! ne craignez rien ; si jamais, à force d'étude et de travail, je parviens à obtenir la réputation des *Grisi*, des *Pauline Viardot* et autres illustres cantatrices à qui l'on donne cinq cents francs par soirée... je les recevrai bien, je vous en réponds, parce que je les aurai gagnés ; mais aujourd'hui je ne suis encore qu'une écolière, et je me trouve très convenablement rétribuée moyennant cent francs. Donc, reprenez ces vingt louis.

— Mademoiselle, c'est absolument pour vous obéir, — dit Tranquillin, acceptant enfin les vingt louis ; — mais je serai terriblement grondé par M. Wolfrang, qui, d'ailleurs, croyez-le bien, serait désolé que son offre eût pu vous offenser.

— M'offenser ? pas le moins du monde. Son erreur, au contraire, très flatteuse pour moi, évaluait mon talent à un prix beaucoup trop élevé ; je rétablis la proportion, voilà tout ; mais, j'y songe... savez-vous ce qu'il préfère, de la musique italienne ou de la musique allemande ?

— Je crois qu'il préfère la musique allemande.

— En ce cas, je chanterai quelques morceaux de Mozart, de Weber et de Beethoven. Aurons-nous un accompagnateur ?

— Je l'ignore.

— Peu importe ; je m'accompagne suffisamment moi-même. A quelle heure est ce concert ?

— A neuf heures, si cette heure vous convient, mademoiselle.

— A neuf heures donc. Je suis toujours très exacte. Ainsi, au revoir, mon bon monsieur Tranquillin. Je vais étudier les morceaux que je me propose de chanter ce soir... avant de sortir pour aller donner mes leçons.

— Pardon, mademoiselle, je venais ici pour deux objets ; il me reste quelques mots à vous dire encore.

— De quoi s'agit-il ?
— D'une réclamation.
— De la part de qui ?
— De l'un de messieurs nos locataires ; mais je me hâte d'ajouter avec toute la déférence que je dois au susdit locataire, que sa réclamation me semble intempestive, et légèrement entachée d'exagération.

— Enfin, quelle est-elle, cette réclamation?

— M. de Francheville, qui demeure ci-dessous, se plaint de ce que tant d'autres à sa place envieraient avec délices... avec transport ; en d'autres termes, il...

— ... En d'autres termes... — reprend Antonine en riant ; — mon chant et mon piano le fatiguent et l'ennuient horriblement, ce pauvre monsieur ?.

— Ah! mademoiselle, quel blasphême ! pouvez-vous supposer que...

— Je conçois à merveille que quelqu'un qui n'aime pas la musique trouve assommant ce tapage de piano et ces roulades auxquels je me livre dès le matin, car c'est singulier... j'aime surtout à chanter au point du jour... surtout lorsque le ciel est bien pur... et que le soleil le dore de ses premiers rayons... Ah! j'ai toujours compris que les oiseaux ne soient jamais plus en voix qu'à l'aurore... il ne s'en suit pas que je doive être insupportable à mes voisins ; seulement, je regrette que ce monsieur ne se soit pas plaint plus tôt ; vous pouvez donc l'assurer que je choisirai pour mes études une heure moins matinale.

— Et vous qui aimez tant à chanter au soleil levant, chère demoiselle !

— Je ferai, je dois faire le sacrifice de mon goût au repos de mes voisins ; d'abord, parce qu'ils ont le droit de l'exiger ; et puis n'auraient-ils pas même ce droit-là... il ne faut jamais désobliger personne.

— Ah! mademoiselle Antonine! mademoiselle Antonine!

— Bon Dieu! d'où vient cette exclamation, mon bon monsieur Tranquillin?

— Quelle femme vous êtes!

— Comment?

— Tant d'autres à votre place se récrieraient contre l'irritabilité de ce fâcheux voisin, ne se résigneraient qu'avec aigreur ou impatience à sacrifier à autrui leur convenance, tandis que vous, au contraire, vous vous soumettez à ces exigences avec tant de bonne grâce, avec tant de bonne humeur, que c'est un charme de vous voir et de vous entendre!

— Cela prouve que j'ai ce bon caractère, dont je vous ai parlé...

— Ah! chère demoiselle! Mais un pareil caractère est si rare!!

— Tenez, monsieur Tranquillin, si vous croyez devoir accorder quelques louanges à mon caractère, adressez-les à celle à qui je dois le peu que je vaux, — dit Antonine Jourdan, dont l'enjouement fait place à une douce émotion; et d'un regard attendri, elle désigne à l'intendant le portrait représentant

une femme à cheveux gris ; puis elle ajoute :
— C'est ma mère.

— La noble et vénérable figure ! — dit l'intendant ; et il reprend en hésitant :—Et... il y a longtemps que... vous avez... perdu madame votre digne mère, pauvre chère demoiselle?

— Trois ans, — répond Antonine avec une sorte de sérénité ; — mais, non, je ne l'ai pas perdue, non, elle est toujours aussi présente à ma pensée en corps et en esprit, que son image est présente à mes yeux...

— Ah! chère demoiselle, j'ai maintenant le secret de vos touchantes qualités.

— Eh bien, mon bon monsieur Tranquillin, répond Antonine, moitié émue, moitié souriante, — puisque vous avez mon secret, nous sommes, pour ainsi dire, de vieux amis... or, en cette qualité... permettez-moi d'agir avec vous sans façon.

— Parlez, ordonnez, chère demoiselle.

— L'heure de mes leçons est inexorable, elle va bientôt sonner ; il me reste à peu près le temps d'étudier les morceaux que je dois chanter ce soir... et...

— Parfaitement, chère demoiselle, — dit

l'intendant en se levant ; — excusez-moi de vous faire perdre ainsi votre temps.

— C'est à moi de m'excuser de vous renvoyer ainsi ; mais, je vous le répète, l'heure de mes leçons est inexorable.

— Ah ! mademoiselle, vous ne pouviez me donner une preuve de votre plus cordiale estime... qu'en me mettant si gracieusement à la porte.

— Eh bien ! soyez donc satisfait, mon bon monsieur Tranquillin, répond Antonine Jourdan, revenant à sa gaîté habituelle. — Adieu... et au revoir, je l'espère.

XII

L'un des deux hôtels contigus, élevés au fond du jardin auquel donnait accès la cour de la *Maisondu bon Dieu* avait pour locataire le duc César della Sorga, appartenant à l'une des plus anciennes familles de la Sicile, et proscrit par le gouvernement napolitain en commutation de la peine capitale prononcée contre lui lors de la découverte d'une conspiration dont il était l'un des chefs, ainsi que son frère aîné, Pompeo. — Celui-ci, condamné aussi à mort, subit aussi sa peine. César, devenant alors chef de sa maison, prit le titre et le nom de duc della Sorga ; il avait, jusque-là, selon la tradition de famille, porté le titre et le nom de marquis Ricci, qui devinrent ceux de son fils aîné Ottavio ; son second fils prenait le nom de comte Felippe.

Le duc César della Sorga, âgé de cinquante ans environ, maigre, nerveux, robuste encore, offrait le type méridional dans toute son énergie, mais non dans sa beauté. Son front, bas et proéminent, couronné d'une forêt de cheveux noirs à peine grisonnants vers les tempes ; ses épais sourcils, ses yeux renfoncés dans leur orbite, vigoureusement cernés d'un cercle charbonné tranchant sur la teinte olivâtre de ses traits, donnaient de prime-abord à sa physionomie un caractère de résolution et de dureté remarquable.

Le duc, seul dans son cabinet, venait de sonner. Bientôt parut son majordome, Bartolomeo, à peu près de même âge que le duc. Il le servait depuis trente ans, partageant les diverses chances de la vie de son maître, alors que celui-ci, pauvre cadet de famille, n'avait pas encore, par suite de la mort de son frère aîné, hérité des biens et des immenses domaines de sa maison.

— Bartolomeo, — dit le duc, — va trouver mon fils Felippe, et prie-le de venir me parler.

— Oui, monseigneur.

— La duchesse est-elle rentrée?

— Non, monseigneur.

— A quelle heure est-elle sortie?

— A neuf heures, pour se rendre à l'office du matin, selon l'habitude de madame la duchesse.

— Envoie-moi Felippe.

Le majordome sort. Le duc, resté seul, se promène lentement dans son cabinet, et se dit avec une sorte d'accablement involontaire :

— Je ne suis pas superstitieux, cependant ce jour anniversaire de...

Mais, tressaillant, il s'interrompt et ajoute :

— Ce jour commence mal. Encore une discorde entre mes deux fils, eux que je voudrais voir, hélas! si tendrement unis, ainsi qu'ils l'étaient autrefois... En vain je m'efforce de deviner la cause mystérieuse... je n'ose dire de l'aversion que mon second fils témoigne maintenant pour son frère aîné... que jadis il chérissait...

— Et, tressaillant de nouveau, comme s'il eût répondu à une pensée secrète, le duc ajoute :

— Serait-il donc, de nos jours, ainsi que dans l'antiquité, des familles frappées d'une sorte de fatalité !

M. della Sorga tombe dans une rêverie profonde ; il en est tiré par l'arrivée de son fils cadet, le comte Felippe.

Ce jeune homme atteint à peine sa dix-huitième année ; petit, chétif, malingre, il est de plus bossu ; la déviation de sa taille a fait saillir l'une de ses épaules presque à la hauteur de son oreille gauche ; il incline de ce côté sa tête d'une grosseur démesurée pour sa stature rabougrie ; ses traits sont d'une laideur repoussante, presque sinistre ; sa maigreur, son teint étiolé, terreux, d'une pâleur bilieuse, annonce une constitution débile, maladive ; sa physionomie est à la fois sardonique, sournoise et atrabilaire.

Cependant il fut un temps où Felippe, si cruellement disgracié par la nature, faisait oublier ces disgrâces par la bonté de son cœur, par l'aménité de son caractère, et par une sorte d'adoration pour son frère aîné.

Les traits du duc, assombris jusqu'alors, semblent s'éclaircir à l'aspect de son fils qu'il idolâtre, car il ne se souvient que des excellentes qualités dont Felippe était doué naguères, et que sa laideur et sa difformité semblaient rendre plus touchantes encore; mais, réfléchissant qu'il doit se montrer sévère, M. della Sorga refrène sa tendresse, fronce ses épais sourcils, et d'une voix rude il dit :

— Comte Felippe, asseyez-vous; j'ai à causer sérieusement, très sérieusement avec vous.

— J'écoute.

— L'objet de cet entretien, comte, n'est malheureusement pas nouveau, et déjà bien des fois j'ai dû vous faire entendre les reproches qu'il me faut encore vous adresser.

— Des reproches ! — répond le comte Felippe avec un accent d'impatience et d'aigreur. — A quel sujet?

— Au sujet d'Ottavio.

Felippe, au nom de ce frère qu'il avait

tant aimé, frémit, et sa laideur, déjà repoussante, devient hideuse. Il ne répond rien, baisse les yeux, appuie son coude droit sur son genou et porte à ses lèvres ses ongles qu'il ronge à vif, par un mouvement à la fois lent et convulsif.

— Comte, votre silence me prouve que vous m'avez compris, — poursuit le duc; puis, d'un ton radouci : — Vous avez, je l'espère, honte, regret et remords de ce qui s'est passé hier soir entre vous et votre frère.

— Non, — répond brièvement, d'une voix âpre et dure, Felippe, continuant de ronger machinalement ses ongles qui commencent de saigner, — je n'ai ni honte, ni regret, ni remords.

— Malheureux enfant! oubliez-vous donc que vous avez levé la main sur Ottavio?

— Je recommencerais.

— Felippe!

— Je recommencerais!

— Osez!

— Vous le verrez.

— Mais c'est affreux! mais l'on croirait que vous avez de la haine pour votre frère?

— Vous en doutez?

— Quoi ! vous l'avouez ! vous haïssez Ottavio ?

— Oui ! je le hais maintenant... oui !...

Le comte Felippe, en prononçant ces mots, relève audacieusement la tête, et attache sur son père un regard fixe dont l'expression étrange le fait frissonner ; mais voyant soudain les lèvres de son fils ensanglantées, car à force de ronger ses ongles avec un redoublement de rage muette, il a fait jaillir le sang de l'extrémité des phalanges, le duc s'imagine que ce sang afflue de la poitrine de Felippe, et changeant soudain de physionomie et d'accent, il s'écrie d'une voix palpitante de tendresse et les traits empreints d'angoisse :

— Grand Dieu ! mon pauvre enfant, tu craches le sang !

Et le duc ajoute d'une voix alarmée :

— En tâchant de contenir sa colère, il se sera brisé quelque vaisseau dans la poitrine ; cela, pour lui, peut être mortel ; il est si chétif !

— Si chétif, si difforme que je sois, je ne crache pas encore le sang ! — répond aigrement Felippe, en montrant l'extrémité de ses doigts rougis et à vif, — je rongeais mes ongles, voilà tout.

Le duc, afin de s'assurer du fait, prend la main de son fils, l'examine attentivement, et à mesure qu'il acquiert la certitude de la vérité, sa figure se rassérène, et murmure :

— Quel effroi tu m'as causé, cher enfant ; mon Dieu, je suis rassuré !

Ce disant, le duc della Sorga, les yeux humides de larmes, étreint son fils sur sa poitrine et l'embrasse avec effusion. En ce moment, la porte du cabinet s'ouvre et paraît le marquis Ottavio Ricci, frère aîné de Felippe et âgé de deux ans de plus que lui.

Si le duc della Sorga offrait le type méridional dans sa puissante énergie, Ottavio le réalisait dans sa divine beauté ; sa taille accomplie et au-dessus de la moyenne, svelte, élégante, robuste, décelait la vigueur et la souplesse ; son visage brun, à la fois mâle et charmant, encadré d'une barbe naissante d'un noir de jais, comme sa chevelure bouclée, réunissait la grâce juvénile de son âge à une expression remplie de franchise et de bienveillance ; l'aménité de son sourire, le radieux éclat de son regard pur comme son âme, complétaient l'ensemble de la physionomie d'Ottavio. Elle s'attendrit profondément, lorsqu'en entrant chez le duc, il le vit embrasser Felippe avec effusion, et il s'écria :

— Ah! mon père, vous devancez mes vœux ; j'accourais vous demander le pardon de Felippe. Apprenant que vous l'aviez mandé près de vous, je craignais pour lui vos reproches au sujet de l'enfantillage survenu entre nous hier soir.

Ces mots, où se peignaient la mansuétude et la générosité d'Ottavio, causèrent au duc della Sorga la plus douce émotion, car il chérissait ses deux enfants, éprouvant peut-être cependant une sorte de préférence pour son second fils, que les disgrâces de sa personne rendaient digne de pitié.

— Viens m'embrasser, Ottavio, — dit le duc. — Il n'est pas de cœur meilleur, pas de cœur plus indulgent que le tien...

— L'indulgence est facile envers un frère qui m'aimait... qui m'aime encore si tendrement... je n'en doute pas... je n'en veux pas douter... — reprit le jeune homme, répondant à l'étreinte du duc, tandis que Felippe, muet, impassible, recommençait de ronger ses ongles ; mais son père, le prenant par le bras, lui dit affectueusement :

— Allons, cher enfant, embrasse ton frère ; que tout soit oublié !

— Non, — répond Felippe, se reculant et résistant, — jamais !

— Mon frère, écoute-moi, dit Ottavio d'une voix affectueuse, et tâchant de calmer par un regard la douleur que cause au duc l'endurcissement obstiné de Felippe, — quoique notre altercation d'hier soir n'ait été, je le répète, qu'un enfantillage, tous les torts sont de mon côté, j'en fais l'aveu ; pardonne-les moi, Felippe.

— C'est par trop de générosité ! — s'écrie le duc della Sorga ; — est-ce que ton frère...

— Mon frère a cédé à un emportement dont j'ai été cause sans le vouloir, il est vrai, mon père ; mais je devais m'apercevoir que Felippe était alors sous l'impression de l'un de ces accès d'humeur noire auxquels il est, hélas ! sujet depuis quelque temps... et dont nous ignorons les causes... En ces moments-là... tout le chagrine et l'irrite.

— Pouvais-tu supposer qu'il s'irriterait de

ces mots dits par toi avec l'accent d'une inquiète sollicitude : — « Qu'as-tu donc, cher « frère ? tu sembles bien soucieux, ce soir, » puisque tel a été le point de départ de cette altercation dont je suis navré.

— Mon père, il était présumable que Felippe, dans la disposition d'esprit où il se trouvait, accueillerait mes questions avec impatience. Retiré dans un coin du salon, il désirait sans doute rester à l'écart, et, au lieu de respecter son isolement, je suis au contraire allé, pour ainsi dire, le provoquer par une marque d'intérêt sincère mais inopportune, sans cela, notre discorde n'aurait pas eu lieu. Aussi, je te le répète, Felippe, — ajoute Ottavio, s'adressant à son frère et lui tendant la main, — j'ai eu tort, je l'avoue ; pardonne-le moi, je t'en prie, je t'en conjure.

— Mon enfant, tu entends ton frère, — dit le duc della Sorga à Felippe, impassible, malgré les cordiales avances d'Ottavio ; — il regrette ; peut-il faire davantage ? Il regrette de n'avoir pas respecté cet isolement que, parfois, tu recherches pendant ces accès d'hypocondrie dont tu sembles atteint depuis quelque temps... Ainsi, que tout soit oublié, mes enfants ; si vous saviez combien je souffre de vos discords !

Et prenant les mains de Felippe et d'Ottavio, le duc ajouta :

— Chers enfants, ne redoublez pas l'amertume de notre exil par votre désunion ; c'est à toi surtout que je m'adresse, Felippe. Je t'en conjure, embrasse ton frère ; redeviens pour lui ce que tu étais autrefois.

— Jamais ! — répond Felippe d'une voix inflexible, au moment où la duchesse della Sorga entre dans le cabinet, suivie de Tranquillin.

XIII

La duchesse della Sorga, quoiqu'elle atteignît sa quarantième année, conservait les restes d'une éclatante beauté ; son fils Ottavio était, abstraction faite de la virilité de ses traits, le vivant portrait de sa mère. Celle-ci, très grande et d'une taille à laquelle un léger embonpoint donnait une sorte de majesté sans nuire aux rares perfections de ses formes, était vêtue avec une extrême simplicité, selon qu'il convenait pour ses sorties habituelles du matin, consacrées, disait-on, à aller aux offices, à visiter les pauvres et à porter des consolations aux proscrits siciliens. D'épais bandeaux de cheveux d'un noir bleuâtre encadraient le visage de madame della Sorga, visage d'une régularité antique et d'une pâleur mate, que faisaient surtout ressortir l'arc d'ébène de ses longs sourcils et le duvet brun qui estompait fortement ses lèvres, d'un vif incarnat et très charnues. Cette particularité, ainsi que l'excessive dilatation de ses narines, palpitantes à la moindre émotion; l'ardeur, parfois à peine contenue de son regard, eussent donné un caractère remarquablement passionné à sa physionomie, si elle n'eût été, pour ainsi dire, réfrigérée par une expression habituelle de rigidité hautaine, expression particulière aux personnes qui dissimulent avec une adroite hypocrisie leurs penchants pervers, ou qui, sincèrement, et non sans luttes pénibles, réfrènent leurs passions, grâce à l'ascendant que l'esprit, soutenu d'une inflexible volonté peut exercer sur la matière.

Le duc della Sorga et Ottavio, à l'aspect de

Tranquillin entrant sur les pas de la duchesse, surmontèrent la douloureuse impression que leur causait le vindicatif endurcissement du comte Felippe. Celui-ci, profitant de l'entrée de sa mère pour quitter le cabinet, disparut, en lançant à son frère un regard de haine, et à son père un regard de défi.

Ottavio, s'approchant avec empressement de la duchesse, lui baise la main en disant d'un ton rempli de tendre déférence :

— Je n'ai pu vous souhaiter le bonjour ce matin, ma mère; déjà vous étiez absente; Dieu, vos pauvres et nos compagnons d'exil vous en béniront davantage, car c'est pour leur consacrer quelques moments de plus que vous êtes sortie de meilleure heure que de coutume.

A ces mots qui peignent l'attachement et la vénération filiale d'Ottavio, la duchesse l'embrasse au front et répond :

— Bonjour, cher enfant; je me suis agenouillée ce matin devant la sainte table, et j'ai dû en effet sortir plus tôt que d'habitude.

Pendant cet échange de quelques mots prononcés à demi-voix par Ottavio et par sa mère, Tranquillin, saluant profondément M. della Sorga, lui disait :

— Monsieur le duc, j'ai eu l'honneur d'instruire madame la duchesse de la mission dont j'étais chargé par mon maître. Madame la duchesse m'a fait observer qu'elle ne pouvait me donner de réponse avant de vous avoir consulté, et elle a daigné m'autoriser à l'accompagner ici, afin de savoir, monsieur le duc, quelle sera votre décision?

— Ma chère Béatrice, — demande le duc à sa femme, — de quoi s'agit-il?

— Le propriétaire de cet hôtel nous engage à venir passer aujourd'hui la soirée chez lui, — replique la duchesse. — J'ai répondu que les habitudes de retraite que nous avons prises depuis notre exil, ne nous permettent guère d'accepter d'invitation ; je ferai d'ailleurs, à cet égard, mon ami, ce qu'il vous conviendra.

— Madame vous a donné la véritable et seule raison qui nous empêche d'accepter une invitation à laquelle nous sommes, du reste, fort sensibles, monsieur Tranquillin, — dit le duc avec une froideur polie. —

Veuillez être l'interprète de nos regrets auprès de M. Wolfrang.

M. della Sorga accompagne ces mots d'un mouvement de tête, espèce de salut protecteur et significatif, annonçant à l'intendant que de nouvelles instances au sujet de l'invitation seraient inutiles, et que l'entretien était terminé.

Tranquillin parut comprendre à demi-mot les intentions du duc, et s'inclina profondément devant lui.

— Je communiquerai votre refus, monsieur le duc, à mon honoré maître ; il n'avait d'ailleurs que hasardé timidement cette invitation, peut-être inconvenante, sentant bien la distance qui le séparait d'aussi grands personnages que monsieur le duc.

Et Tranquillin salua le duc.

— Que madame la duchesse...

Et Tranquillin salua la duchesse.

— Que monsieur le marquis...

Et Tranquillin salua Octavio.

— Que monsieur le comte...

Et Tranquillin, cherchant des yeux Félippe, dont il remarque seulement alors l'absence, salue en désespoir de cause la porte par laquelle le comte est sorti ; puis, ajoutant à toutes ces révérences une sorte de salut circulaire adressé aux personnes présentes, il ajouta avec un redoublement d'humilité, en gagnant la porte à reculons :

— J'ai l'honneur de présenter mes respectueuses civilités à la noble et illustre compagnie, en lui demandant, au nom de M. Wolfrang, pardon de la trop grande liberté qu'il s'est permis de prendre en osant adresser à vos respectables seigneuries une invitation... incongrue...

— Mon père, — avait dit tout bas Ottavio au duc, avec un accent de regret, pendant les évolutions révérencieuses de Tranquillin, — ce brave homme et son maître vont s'imaginer que tu refuses cette invitation par fierté.

— Loin de moi un orgueil si mal placé, mon enfant; mais, en vérité, cette invitation est au moins singulière : nous ne connaissons aucunement M. Wolfrang, et nous ne pouvons aller chez lui, — répond le duc.

Cependant, afin de mieux préciser son refus aux yeux de l'homme de confiance, M. della Sorga le rappelle au moment où celui-ci, redoublant ses révérences, gagne le plus lentement possible la porte à reculons.

— Monsieur Tranquillin, un mot, de grâce!
— Plaît-il, monsieur le duc?
— Madame, moi et mes fils, nous serions aux regrets que M. Wolfrang pût supposer un instant qu'un sentiment de fierté que rien n'autorise, nous empêche de nous rendre à l'invitation qu'il veut bien nous faire, et à laquelle, je vous le répète, nous sommes très sensibles ; mais je vous ai dit la cause de notre refus : nous vivons fort retirés depuis notre exil, et...

— Ah! combien monsieur le duc est indulgent! — s'écrie l'intendant, — que de bontés! Vraiment! c'est trop de bontés!

— De quelles bontés voulez-vous parler, monsieur Tranquillin ?

— Des vôtres, monsieur le duc; n'êtes-vous pas assez bon pour daigner prendre la peine de donner un prétexte au refus que paraît mériter l'indiscrète invitation que mon honoré maître, sans penser à mal, je vous l'assure, s'était permis d'adresser à monsieur le duc et à sa noble famille ?

— Mais, je vous répète, monsieur Tranquillin, que...

— Point, point, monseigneur, je sens, comme je le dois, tout ce qu'il y a d'indulgence de votre part dans la façon si courtoise dont vous voulez bien colorer votre refus. Mon honoré maître sera profondément touché de votre procédé, monsieur le duc; encore une fois, pardon de la trop grande liberté, pardon !

Et Tranquillin recommence à gagner la porte en saluant à reculons.

— Bonté divine ! M. Wolfrang ne se pardonnera jamais sa malheureuse outrecuidance. Oser inviter des seigneurs à passer la soirée chez lui !

— Vous le voyez, mon père, ce brave homme, dont l'esprit semble assez borné, va, malgré vos assurances, s'en aller persuadé que l'orgueil a dicté votre refus, — dit tout bas Ottavio.

Et s'adressant à la duchesse :

— Ma mère, pourquoi n'irions-nous pas à cette soirée, ne fût-ce qu'un instant ?

— Soit ! si ton père y consent, mon enfant.

— Il est, en vérité, des gens d'une susceptibilité bien ridicule !... — dit le duc à demi-voix à sa femme et à son fils. — L'anniversaire de ce jour est pour moi, vous le savez, un sujet de deuil. Mais enfin, puisque vous le voulez...

Le duc, appelant l'intendant, ajoute :

— Monsieur Tranquillin, écoutez-moi...

— Monseigneur !

— Puisque vous persistez à croire que la fierté seule...

— Je vous en conjure, monseigneur, veuillez ne point insister là-dessus, vous me rendez confus ! Quoi, vous prenez la peine de vous disculper encore ? c'est trop de bonté ! Mon honoré maître s'était simplement dit ceci : « — J'invite tous les locataires de la
» maison à une manière de petite réunion
» de famille, dois-je ou ne dois-je pas inviter
» monseigneur le duc et sa famille ? Si je
» ne l'invite point, il pourra se formaliser
» de ce manque de déférence envers lui ; si
» je l'invite, il pourra mêmement se forma-
» liser de mon impertinente familiarité. »
Ceci est malheureusement arrivé ; aussi je...

— Mais, mon cher monsieur, — dit impatiemment Ottavio allant vers Tranquillin, — si vous n'aviez, à deux reprises, interrompu mon père, vous sauriez que lui, ma mère, moi, et probablement mon frère, nous acceptons l'invitation de M. Wolfrang.

— Il serait vrai ! monseigneur ? — s'écrie l'homme de confiance. — Vous, et madame la duchesse, et monsieur le marquis, et monsieur le comte, vous daigneriez accepter ?

— Oui, oui ! cent fois, oui ! — répond le duc, — est-ce clair, monsieur l'intendant ?

— Ah ! monseigneur, combien M. Wolfrang sera heureux et flatté de vous recevoir, ainsi que votre illustre famille ! dit Tranquillin se confondant de nouveau en salutations.
— Je me permettrai d'ajouter que l'on se réunit à neuf heures, si cette heure convient à l'illustre compagnie...

— A neuf heures, soit ! — répond le duc. Au revoir, monsieur Tranquillin.

— Je présente mes humbles civilités à l'illustre compagnie, — dit Tranquillin faisant sa dernière et sa plus belle révérence.

Puis, sortant du salon, il se dit d'un air joyeux :

— Allons! mon honoré maître sera satisfait de son vieux serviteur. Tous nos locataires ont, bon gré, mal gré, couci couci... cahin caha, accepté l'invitation, et ils s'y rendront... c'est l'important!

XIV

Il est huit heures du soir, Wolfrang et Sylvia attendent, dans l'un des salons du rez-de-chaussée de leur hôtel, les locataires invités à la soirée. Le jeune homme disait à sa compagne :

— Le hasard nous a servis à souhait pour notre épreuve, ma Sylvia bien-aimée : ce que je sais déjà de quelques habitants de cette maison est d'un bon augure pour ta guérison ; elle sera complète. Je te l'ai promis, il y a un an, je tiendrai ma promesse ; mais il faut t'attendre à de grands étonnements. Tu rencontreras des apparences aussi séduisantes que les réalités qu'elles cachent sont horribles, et des réalités aussi adorables, aussi sublimes que leur apparence sera incolore ou repoussante. Il te faudra du courage, Sylvia, beaucoup de courage !

— J'en aurai, Wolfrang. Cette année passée, dans notre solitude bénie, tes paroles, ton exemple m'ont reconfortée ; tu ne me verras pas défaillir ; je poursuivrai l'épreuve jusqu'à la fin ; et si tes espérances te trompent, si le triomphe du mal et de l'iniquité en ce monde-ci m'est une fois de plus démontrée, je...

L'un des valets de chambre de service dans une pièce d'attente annonce en ce moment à haute voix :

— M. Dubousquet !

Wolfrang s'empresse d'aller au-devant de M. Dubousquet, de noir vêtu et cravaté de blanc. Il semble plus timide, plus humble, plus craintif que jamais. Il est aisé de s'apercevoir qu'il se rend à l'invitation du propriétaire, ainsi qu'il irait, comme l'on dit, au supplice. La sueur ruisselle de son front, et, dès le seuil de la porte, il salue gauchement les maîtres de la maison, puis il s'arrête, n'osant, dans son embarras croissant, faire un pas de plus. Wolfrang s'avance à sa rencontre, et, lui tendant la main :

— Je vous sais gré, monsieur, d'avoir accepté de si bonne grâce l'invitation que nous avons eu l'honneur de vous adresser.

— Monsieur, tout l'honneur est certainement de mon côté, — balbutie Dubousquet, rougissant de confusion et se permettant à peine d'effleurer la main que lui tend Wolfrang ; mais celui-ci, amenant son locataire près de la causeuse où est assise Sylvia :

— Ma chère amie, je vous présente M. Dubousquet.

— Madame, — dit M. Dubousquet, saluant jusqu'à terre, — complètement ahuri, — j'ai bien l'honneur de... de...

— Veuillez vous asseoir là, près de moi, monsieur Dubousquet, — dit gracieusement Sylvia, — et donnez-moi des nouvelles de cet intelligent petit animal, fidèle compagnon de votre solitude.

— Comment, madame, — balbutie M. Dubousquet, aussi surpris que touché de la bienveillance qu'une si belle dame lui témoigne ainsi qu'à son chien, — vous savez que...

— Nous savons même que ce barbet si intelligent s'appelle *Bonhomme*, — ajoute en souriant Wolfrang; — mais, de grâce, prenez donc place à côté de madame.

— Monsieur, c'est, en vérité, pour vous obéir, — répond le pauvre homme s'asseyant, timide et tremblant, sur l'extrême rebord de la causeuse où se tient Sylvia, — madame et vous, monsieur, me comblez de bontés.

— S'il faut vous l'avouer, — reprend Sylvia, — ce que vous appelez nos bontés sont un peu intéressées...

— Madame, je...

— J'ai le plus grand désir de connaître *Bonhomme*, et il faudra que vous me l'ameniez.

— Madame, ah! madame, — répond M. Dubousquet, si ému que, malgré lui, ses yeux deviennent légèrement humides, — il serait possible! quoi... vous daigneriez...

— Que voulez-vous, monsieur Dubousquet? — dit Wolfrang, debout derrière la causeuse et s'y accoudant ; — il est, selon moi... et madame est de cet avis... il est difficile de ne pas éprouver une sorte de sympathie pour une personne qui aime son chien, ce muet confident de nos joies ou de nos chagrins, qui semble, afin de les partager, épier un sourire sur nos lèvres ou une larme dans nos yeux.

— Oh ! monsieur, c'est bien vrai, ce que vous dites là ; c'est souvent pour le malheureux une grande consolation que d'avoir un chien, — répond M. Dubousquet, se sentant, malgré lui, de plus en plus à l'aise par le bon accueil et par l'affabilité de *ses propriétaires*, et surtout par leur manière d'apprécier les rapports de l'homme avec la race canine ; puis il ajoute avec une bonhomie touchante :

— Hé ! mon Dieu ! un chien, c'est un ami qu'on laisse toujours triste quand on le quitte, et que l'on retrouve toujours joyeux lorsqu'on le revoit.

— Je suis enchanté de vous entendre parler ainsi, monsieur, — reprend Sylvia, — car je me suis toujours révoltée contre les incrédules qui n'accordaient au chien que des instincts et lui refusaient le raisonnement, lui, qui fait preuve d'une sagesse, d'une prévoyance souvent si rares parmi nous ; lui...

— ajoute en souriant la jeune femme, — lui qui avait découvert par exemple : la théorie des caisses d'épargnes et la mettait en pratique bien avant qu'elles fussent inventées par les hommes, ces présomptueux, ces ingrats qui s'attribuent l'honneur et le mérite de ces fondations !

— Quoi ! madame, vous inclineriez véritablement à croire que les chiens mettent... à... la caisse d'épargnes ?

— Sylvia est très capable de vous prouver ce qu'elle avance là, mon cher monsieur Dubousquet.

— Sans doute, — reprend la jeune femme. Ainsi, rien de plus simple en apparence que de voir un chien auquel on donne un os, aller l'enfouir.

— *Bonhomme*, lorsque j'habitais un petit appartement au rez-de-chaussée, m'a cent fois rendu témoin de ce fait, — s'écrie M. Dubousquet, — de qui, et presque à son insu, l'embarras s'efface de plus en plus ; — sur deux os que je donnais à mon chien, il s'empressait toujours d'en aller enfouir un.

— Eh bien ! voici le raisonnement de *M. Bonhomme*; remarquez, admirez cet enchaînement d'idées, et dites s'il ne témoigne pas, non-seulement d'une logique excellente, mais encore de l'un des dons les plus rares chez les hommes, l'esprit de prévoyance et d'épargne ! — reprend Sylvia ; — « Si j'étais
» un glouton ou un prodigue, sans souci du
» lendemain (pense *M. Bonhomme*), je pour-
» rais ronger ces deux os ; mais qui sait si
» demain j'aurai pareille aubaine ? C'est dou-
» teux ! le plus sage est de songer à l'avenir.
» Donc je vais mettre l'un de ces deux os en
» réserve ; mais, où le placer ? Le laisser
» exposé aux regards, c'est risquer que quel-
» ques larrons me le dérobent ; il me faut
» alors déposer en un lieu sûr mon épargne,
» afin que nul ne la puisse découvrir. » Et, ce pensant, *M. Bonhomme* prend son os entre ses dents, s'en va d'un pas furtif, l'œil aux aguets, l'oreille aux écoutes, cherche... cherche... et cherche encore, avec examen, avec réflexion, en étudiant les localités, quelque coin où il puisse en sécurité enfouir sa provende du lendemain... En d'autres termes,

je le répète, il met à la caisse d'épargnes...

— C'est évident, madame ! — s'écrie M. Dubousquet, ravi d'aise. — Ajoutez à cela, et je l'ai vu vingt fois, que, le trou recouvert, Bonhomme tassait la terre du bout de son museau, afin qu'il fût impossible de découvrir à quel endroit le sol avait été fraîchement remué.

— Et ce serait là un pur instinct ! — reprend Sylvia. — Non ! non ! c'est l'un des raisonnements les plus complets auxquels puisse s'élever l'entendement humain.

— Aussi les anciens se montraient-ils bien plus sagaces ou plus équitables que nous au sujet du chien, — ajoute Wolfrang, se plaisant à caresser l'innocente passion de son locataire pour son barbet, et à dissiper ainsi le pénible embarras dont ce pauvre homme avait été navré à la seule pensée de cette soirée. — Dans quelle haute estime les peuples de l'antiquité tenaient le chien !

— Vraiment, monsieur ? — dit M. Dubousquet, de plus en plus intéressé ; — excusez mon ignorance, mais je suis si heureux de vous entendre, que je suis tout oreilles. Ah ! la belle chose que le savoir !

— Les Égyptiens attribuaient au chien une essence supérieure et divine.

— Voyez-vous ça ! — reprend M. Dubousquet ébahi. — Eh bien ! en somme, cela ne m'étonne point, monsieur.

— *Xercès* comptait ses nombreux chiens de combat, au nombre de ses troupes d'élite.

— Et ceux-là, jamais ne passaient à l'ennemi, — ajoute Sylvia ; — jamais de traîtres parmi eux. En est-il toujours ainsi parmi les hommes ?

— *Olaüs Magnus*, au seizième siècle, a écrit l'histoire des plus célèbres chiens de la Finlande, — poursuit Wolfrang, — et il existe à leur sujet d'héroïques légendes.

— Et ces héros, ignorant qu'ils auraient un jour leur nom dans l'histoire, ne se battaient ni pour obtenir des grades et des titres, ni même pour la fumée d'une vaine gloire, — ajoute Sylvia ; — ils combattaient pour défendre leur maître !

— Ah ! madame, excusez-moi, je ne sais plus où j'en suis, — dit M. Dubousquet, émerveillé, — je crains de devenir trop orgueilleux.

— Et pourquoi ?

— Pas pour moi, — répond M. Dubousquet, transporté, — mais pour *Bonhomme*, en pensant qu'il pourrait revendiquer pour son espèce tant de fameux souvenirs.

— Et pourtant je suis sûr qu'il n'en est pas plus fier, — répond en souriant Wolfrang; — je gage qu'il ne s'en fait pas valoir davantage.

— Ah! mon Dieu, non, la pauvre bête! — répond naïvement M. Dubousquet ; — puis, réfléchissant :—Mais, monsieur, pour être si profondément versé dans l'histoire du chien, il faut que vous ayez eu la passion de ces animaux ?

— Oui, parce que j'ai la passion de tout ce qui est bon et dévoué par excellence.

— Ah! monsieur, ce que vous dites là est plus vrai que vous ne le pensez peut-être, — dit le locataire avec une sorte d'attendrissement mélancolique, — car avec un bon chien et une bonne conscience, l'on peut...

Mais, s'interrompant et semblant regretter d'avoir cédé à un épanchement qu'il ne s'expliquait pas, non plus que la confiance et l'attrait que lui inspiraient si promptement deux personnes qu'il voyait pour la première fois, M. Dubousquet rougit, baissa les yeux et balbutia :

— Du moins, certaines personnes... affirment que...

— Qu'avec un bon chien et une bonne conscience l'on peut braver les faux jugements des hommes ? — reprend Wolfrang.

— Ces personnes-là, monsieur Dubousquet, affirment une grande vérité. N'est-ce pas aussi votre avis ?

—Certainement, monsieur, certainement... à la rigueur... cela est possible...

— Oh ! ne craignez pas de contredire Wolfrang ; nous sommes, vous n'en doutez plus, je l'espère, nous sommes de bonnes gens sans façon, — ajoute Sylvia en souriant ; — et, avouez-le, vous n'aviez pas d'abord de nous cette opinion-là ?

— Ah ! madame !

— Voyons, soyez sincère ; Wolfrang et moi, nous prisons avant tout la franchise ; notre devise favorite est *sainte sincérité*.

— Eh bien, madame, je crois, Dieu me pardonne, que vous et M. Wolfrang, à force de bonté, vous m'avez, parlant par respect, ensorcelé... mon Dieu oui... J'étais entré ici si embarrasssé, si confus, que j'avais la vue trouble, les oreilles me bourdonnaient, et maintenant mon embarras a disparu : je vois très clairement cette jeune dame si belle et si bonne... j'entends non moins clairement ses bienveillantes paroles, et les vôtres, monsieur Wolfrang... Ah! je vivrais mille ans, que lorsque je me rappellerai votre accueil, je... je... Eh! eh!... dame! je ferai comme à présent, — ajoute M. Dubousquet d'une voix attendrie par les larmes, — et portant ses mains à ses yeux, — je ne pourrai m'empêcher de pleurer de reconnaissance.

Wolfrang et Sylvia se regardaient avec un silence expressif, lorsque trois jappements très distincts, mais assez lointains, retentirent dans l'une des pièces voisines.

— Qu'entends-je! — s'écrie M. Dubousquet en se levant et tressaillant. — C'est *lui*; et pourtant je l'ai enfermé, comment sera-t-il sorti? Il va venir ici tout compromettre, l'imprudent!!! L'on m'accueillait si bien! M. Wolfrang ne m'avait dit mot des plaintes portées contre nous par le locataire du second! Ah mon Dieu! *il* nous perd!!

M. Dubousquet, effaré, désolé, se lamentait ainsi, lorsque *Bonhomme*, à qui les domestiques venaient d'ouvrir la porte de la pièce voisine, parut au seuil du salon ; mais, ayant conscience de sa venue indiscrète, il s'avança vers son maître en rampant comme pour implorer sa grâce, tandis que celui-ci lui dit d'une voix menaçante :

— Malheureux ! qu'avez-vous fait ?

Et s'adressant à Wolfrang et à Sylvia, M. Dubousquet ajoute :

— Ah ! madame ! ah ! monsieur ! que d'excuses ! je suis désespéré !

— Et moi je suis enchantée, — reprit Sylvia ; — je voulais que *Bonhomme* me fût présenté ; ne donne-t-il pas une nouvelle preuve de sa gentillesse, en prévenant si à propos mes désirs ?

Puis appelant le chien qui, à l'exclamation menaçante de son maître, s'était arrêté, immobile, et couché au milieu du salon, la jeune dame ajoute :

— Viens... n'aie pas peur, viens, pauvre petite bête.

Le barbet, avant de se rendre à cet appel, interroge du regard son maître, qui lui dit, de plus en plus confondu de l'indulgente bonté de Sylvia :

— Allez, allez, puisque madame daigne *nous* pardonner votre incartade !

Le chien s'avance, toujours rampant, jusqu'aux pieds de la jeune femme, où il se couche timidement, attachant sur elle ses grands yeux noirs et brillants.

— Que d'intelligence ! — disait Sylvia, caressant Bonhomme, — que de pensée dans le regard !

— Ah ! monsieur, je suis confus, — reprenait M. Dubousquet, s'adressant à Wolfrang ; — je devine maintenant comment le malheureux sera sorti. C'est à n'y pas croire ! J'avais laissé ouverte la fenêtre de ma chambre où il était enfermé ; il sera sorti par cette croisée au-dessous de laquelle règne une corniche très étroite ; il aura gagné ainsi la croisée du palier, sans doute ouverte aussi ; puis, suivant ma trace, il sera venu jusqu'ici. Pardon, mille pardons pour lui et pour moi ! sa seule excuse est que depuis que je le possède, c'est la première fois qu'il me joue un pareil tour.

— Pauvre animal ! vous avez eu le courage

de le gronder, — reprend Wolfrang en souriant ; — je serais presque tenté de vous faire une querelle de votre ingratitude envers lui.

— A ce moment, le valet de chambre annonce :

— Monsieur et madame Lambert !

Sylvia se lève, après avoir accordé une dernière caresse au barbet, qui revient se placer derrière les talons de son maître, et la jeune femme, ainsi que Wolfrang, font quelques pas au-devant de M. et de madame Lambert.

— Combien vous êtes aimable, madame, ainsi que M. Lambert, de vouloir bien nous sacrifier quelques instants de votre soirée, et d'avoir accepté notre invitation aussi cordialement que nous vous l'avons faite ! — dit Sylvia ; puis elle ajoute en indiquant du geste la causeuse à Francine : — Veuillez, magame, vous asseoir là près de moi.

Madame Lambert, très timide et non moins frappée de l'éblouissante beauté de Sylvia que touchée de son gracieux accueil, rougit, répond de son mieux par une révérence, et prend place à côté de la jeune femme, tandis que Wolfrang dit de son côté au libraire:

— Je vous sais d'autant plus de gré, monsieur, de l'honneur que vous voulez bien nous faire, que je n'ignore pas vos habitudes de studieuse solitude, et...

Mais Wolfrang s'interrompt soudain, en voyant M. Dubousquet gagner la porte d'un pas discret, accompagné de Bonhomme, auquel il dit tout bas :

— Allons-nous-en. Nous pouvons nous vanter d'avoir été reçus ici comme nous ne l'avons été, comme nous ne le serons jamais nulle part; et nous ne l'oublierons pas, mon pauvre Bonhomme!

— Mon cher monsieur Dubousquet, où allez-vous donc? — dit Wolfrang, en rejoignant son locataire, au moment où il atteignait le seuil du salon ; — vous ne songez pas à nous quitter déjà ?

— Monsieur, permettez...

— Nous ne souffrirons pas que vous vous en alliez si tôt: Mademoiselle Antonine Jourdan veut bien venir chanter ici ce soir, et vous serez charmé de l'entendre.

— Monsieur, je vous supplie de...

— Puis je désire vous présenter à M. Lambert, — ajoute Wolfrang, ramenant familièrement par le bras M. Dubousquet vers le milieu du salon, et s'adressant au libraire :

— M. Dubousquet, que vous n'avez peut-être pas le plaisir de connaître personnellement, quoiqu'il soit l'un des locataires de la maison, veut déjà nous quitter ; vous vous joindrez à moi, n'est-ce pas, monsieur, pour le retenir ?

— M. Dubousquet a, comme moi, des habitudes de retraite, et le monde l'effarouche un peu ; je ne suis guère moins effarouché, — répond en souriant le libraire, ressentant pour le *solitaire* du troisième étage une vague sympathie, causée par sa physionomie timide et par son goût pour l'isolement.— Si le monde fait peur à M. Dubousquet, nous nous reconforterons mutuellement ce soir, et nous deviendrons plus braves...

— Fort de l'appui d'un pareil allié, il y aurait maintenant insigne couardise à fuir devant le danger, mon cher monsieur Dubousquet, — reprend gaîment Wolfrang. — Donc, vous nous restez.

— Monsieur, je suis on ne peut plus touché de vos bontés et de celles de M. Lambert, mais il m'est impossible de rester; il faut d'ailleurs que je reconduise mon chien, et...

— Pas du tout! Bonhomme est trop bien élevé pour ne point se comporter parfaitement en bonne compagnie, et je vous suis garant qu'il ne joindra pas sa voix à celle de mademoiselle Antonine Jourdan lorsqu'elle voudra bien se faire entendre.

— Monsieur, de grâce, permettez...

— Je suis impitoyable. Tout ce que je puis vous concéder, c'est de vous autoriser à vous réfugier momentanément avec *Bonhomme* dans cette bibliothèque dont la porte est ouverte: vous trouverez là les journaux du soir et, par parenthèse, vous y lirez des faits fort intéressants relatifs à plusieurs locataires de la maison.

— Je reste donc, monsieur, puisque vous l'exigez absolument.

— Absolument.

— *Bonhomme* se tiendra tapi sous ma chaise; personne ne se doutera qu'il est céans; nous attendrons l'heure du concert dans la bibliothèque.

— Lorsque vous passerez devant ma boutique, mon cher voisin, — ce qui vous arrive rarement, car vous ne sortez guère non plus que moi, — ajoute le libraire, — s'il vous plaît d'entrer un moment chez nous, avec *Bonhomme*, bien entendu, vous nous ferez, plaisir, à ma femme et à moi.

— Monsieur, certainement, une pareille offre m'honore infiniment, — répond M. Dubousquet, pensant à part soi :

— Pourquoi donc tout le monde semble-t-il d'accord ce soir pour m'accueillir avec tant de bonté ? C'est extraordinaire.

Et saluant Wolfrang et M. Lambert, il ajoute :

— Je vais, puisque vous le permettez, me retirer dans la bibliothèque.

— Surtout, lisez les journaux du soir ; vous y trouverez, je le répète, des faits intéressants à propos de plusieurs de vos voisins, dit M. Wolfrang à M. Dubousquet.

Celui-ci, faisant un signe à Bonhomme, entre avec lui dans la bibliothèque par l'une des portes latérales du salon.

XV

Pendant l'entretien de Wolfrang, de M. Dubousquet et du libraire, Francine, continuant de causer à demi-voix avec Sylvia, semblait surmonter son premier embarras, à en juger par son sourire confiant et par l'intérêt qu'elle paraissait apporter à la conversation, dont Sylvia faisait à peu près seule les frais. Aussi Wolfrang, désignant du regard les deux jeunes femmes, dit à M. Lambert :

— Voyez donc, monsieur : ne croirait-on pas que ces dames se connaissent depuis longtemps ?

— La même remarque me frappait, monsieur, et je vous l'avoue, ma surprise est grande, car la timidité de ma femme est excessive ; sa condition et ses habitudes l'ont toujours tenue éloignée, non-seulement du grand monde, cela va de soi, mais des modestes relations de société compatibles avec notre position.

— La promptitude des bons rapports de ces deux dames entre elles, monsieur, prouve que leur esprit et leur caractère se conviennent ; je désirerais vivement qu'il pût en être de même entre vous et moi.

— Franchement, monsieur, je le désirerais aussi ; la parfaite bonté de votre accueil envers ce pauvre M. Dubousquet et même envers son chien, m'a beaucoup touché. L'on considère généralement, dans la maison, notre voisin comme une espèce d'ours, de vieil égoïste. Je le juge autrement quoique je ne le connaisse pas... Il m'a toujours intéressé.

— Et de cet intérêt pour lui, que je partage d'ailleurs, quelle est la cause?

— Son goût pour la solitude.

— Ainsi, vous pensez...

— Que pour vivre seul, il faut éprouver ou avoir éprouvé de grands chagrins, ou bien encore être doué d'une trempe d'esprit peu vulgaire. Voilà ce qui cause ma sympathie pour M. Dubousquet. Quant au reproche d'égoïsme qu'on lui adresse, il me semble absurde : l'égoïsme ne recherche jamais la solitude... au contraire.

— Pourquoi cela, de grâce?

— Parce que l'égoïste a besoin de se rapprocher des hommes, ne fût-ce que pour les sacrifier à soi-même.

— C'est vrai! — dit Wolfrang, frappé de la réflexion du libraire et de l'expression douce et grave de sa physionomie. Puis il ajoute :

— Je suis certain que le pire défaut que l'on puisse avoir à vos yeux est... l'égoïsme?

— Oui, car la vertu que j'estime la première de toutes, est le dévouement, poussé, s'il le faut, jusqu'au sacrifice.

— Et pourtant...

— Achevez, monsieur.

— Je vais vous faire un aveu très impertinent, monsieur Lambert, — reprend Wolfrang en souriant. — Je vous soupçonne, malgré votre aversion pour l'égoïsme, d'être légèrement entaché de ce défaut... Voyez l'audace de ma franchise ! Vous l'excusez ?

— Parfaitement, répond le libraire, souriant à son tour. Et pourquoi me soupçonnez-vous d'être légèrement égoïste ?

— Je me hâte d'ajouter qu'en vous ce n'est pas l'homme que je soupçonne de ce défaut, c'est le bibliomane. Non, pardon, cette expression implique une sorte de manie ; c'est le bibliophile, car vous l'êtes.

— Avec passion, avec acharnement, j'oserai dire avec férocité !

— Et moi qui osais à peine vous soupçonner d'égoïsme, vous vous avouez féroce. Eh bien ! si d'aventure vous rencontriez, je suppose, dans l'étalage poudreux d'un bouquiniste des quais, la première édition de Boccace, imprimée, si je ne trompe, en 1471, par *Valdorf*...

— La date est exacte, — répond le libraire,

assez surpris du savoir bibliographique de Wolfrang. — L'un des rares exemplaires de cette édition inestimable, a même été vendu en 1842, à Londres, lors du décès du duc de *Woxburg,* la somme de...

— Cinquante-deux mille soixante et douze francs, si ma mémoire est fidèle.

— Très fidèle, monsieur, — répond le libraire, regardant Wolfrang avec un nouvel étonnement ; — et ce livre incomparable n'a pas été payé trop cher.

— Donc, si d'aventure vous découvriez par hasard l'existence d'un pareil trésor, ou bien un exemplaire de la Bible, de *Zoucine,* publiée en 1488, je crois ; ou, mieux encore, cette fameuse édition biblique où se trouve le texte hébreu de là *polyglotte d'Alcala,* publiée, n'est-ce pas, à Amsterdam, en 1514 ?

— En 1514, par dom Marcel, — répond le libraire, dont la surprise allait croissant. — Comment, monsieur, vous connaissez ces éditions ?

— J'en connais bien d'autres, ma foi ! Et la splendide bible dite de *Ben-Chajim,* éditée par lui avec tant de soin, à Venise, en 1525 ; et la bible de...

— Mais, monsieur, pour posséder, si jeune encore, un pareil savoir, vous avez donc été nourri dès votre enfance dans les bibliothèques! — s'écrie ingénuement le libraire, sentant d'ailleurs redoubler l'intérêt que lui inspirait Wolfrang en découvrant en lui un bibliophile. — Il n'est pas cent personnes à Paris qui sachent seulement l'existence de ces éditions qui vous sont si familières.

— Vous attachez trop d'importance à mon petit mérite, — répond Wolfrang, souriant avec modestie ; — mais, franchement, si vous aviez découvert, par hasard, quelqu'une des raretés dont les bibliophiles se montrent cent fois plus jaloux que l'avare ne l'est de ses écus, voyons, est-ce qu'à ce sujet... mais à ce sujet seulement, bien entendu... vous ne seriez pas d'un égoïsme tant soit peu féroce... ainsi que vous en conveniez tout à l'heure?

— Je vais, monsieur, vous paraître bien orgueilleux, — dit M. Lambert, — mais vous faites appel à ma sincérité, je réponds à cet appel.

— Sans doute.

— Eh bien, je compte dans ma carrière de

bibliophile un trait admirable, mais seulement admirable à notre point de vue à nous autres... car vous êtes des nôtres, monsieur Wolfrang, je n'en saurais douter maintenant, et je m'en félicite.

— C'est trop d'honneur pour moi ; mais le trait dont vous parlez ?

— Le voici : il y a dix ans de cela, furetant la boutique d'un pauvre marchand de bric-à-brac du quartier du Marais, qui, entre autres choses, vendait des parchemins à la livre, je découvre au milieu d'un tas de bouquins un exemplaire de la Bible de *Zoucine* que vous citiez tout à l'heure ; jugez de mon émotion ! Non seulement ma trouvaille pouvait s'évaluer à sept ou huit mille francs, détail secondaire, mais l'exemplaire, point capital, était, selon moi, unique en France, monsieur Wolfrang, unique en France !

— A ce souvenir, votre regard s'illumine encore, monsieur Lambert ; ah ! vous avez le feu sacré !

— Ce souvenir me rappelle, en effet, ma jeunesse ; j'étais alors dans toute l'effervescence de notre passion commune. Je demande au marchand de bric-à-brac combien il veut vendre cette Bible, il me répond : — *quatre francs cinquante centimes.*

— Ce sont de ces jours qui marquent dans la vie, n'est-ce pas, monsieur Lambert ?

— Ce sont les jours de gloire d'un bibliophile. Je paie donc les quatre francs cinquante centimes, et je prie le marchand de garder chez lui le livre jusqu'à mon retour ; j'étais pauvre, et petit libraire alors ; je cours chez mon escompteur pour le prier de m'avancer sept mille francs sur ma signature, afin de pouvoir acheter cette Bible.

— Pardon ! vous l'aviez, ce me semble, achetée quatre francs...

— Je l'avais payée, afin que le marchand ne la vendît à personne ; mais je me serais conduit comme un fripon en n'éclairant pas plus tard le pauvre homme sur la valeur réelle d'un livre qu'il me laissait pour moins de cent sous, et que je savais valoir, au plus bas prix, sept à huit mille francs, — répond simplement M. Lambert. — Accepter ce marché, eût été, de ma part, presqu'un vol !

— Ah ! monsieur, vous pouvez à bon

droit vous vanter de ce trait de délicatesse bien rare, et...

— Comment ! vous croyez que c'est cela dont je me vante, monsieur Wolfrang ? N'avoir pas abusé de l'ignorance de ce marchand, afin de le larronner! Allons, vous vous moquez !

— Mais ce trait... selon vous admirable... au point de vue d'un bibliophile ?

— Ce trait... modestie à part... le voici : j'étais allé chez mon banquier dans l'espoir qu'il m'avancerait la somme nécessaire à l'acquisition de cette Bible de Zoucine, il refuse... En lui était mon unique espoir, car je ne jouissais ailleurs d'aucun crédit. J'eus alors, je le confesse, une tentation odieuse, celle de ne pas retourner chez le marchand, de lui laisser mon argent et la Bible, le sachant assez honnête homme pour être incapable de vendre à personne le livre qui désormais m'appartenait. « Ainsi, ce trésor » restera enfoui ; il m'échappe, mais il ne » sera possédé par personne, » — disais-je, — avec cet égoïsme féroce auquel vous faisiez tout à l'heure allusion, monsieur. Mais bientôt la voix de la conscience se fit entendre, je me reprochai de vouloir ainsi frustrer ce brave homme d'une petite fortune, et soustraire à l'admiration des bibliophiles l'un des plus précieux spécimens de l'art typographique au quinzième siècle. J'allai à la Bibliothèque royale, je connaissais l'un de ses conservateurs chargé de l'acquisition des livres précieux, je l'instruisis de ma découverte, ajoutant que le propriétaire de cette Bible n'en ignorait pas la valeur. Je la fis, en effet, connaître au marchand. Il me rendit les quatre francs cinquante centimes que je lui avais remis. La Bibliothèque royale paya la Bible de Zoucine sept mille cinq cents francs, et j'eus l'orgueilleuse satisfaction de penser que, grâce à moi, la France conservait ce trésor bibliographique.

— Et plus tard, un trésor de beauté, de grâce et de candeur devait vous récompenser de tant de délicatesse et d'un si grand sacrifice à la science, monsieur Lambert, — dit soudain la voix de Sylvia, depuis quelques moments silencieuse, et, ainsi que Francine Lambert, attentive à l'entretien de Wolfrang et du libraire. — Et maintenant, — ajoute Sylvia, — je ne m'étonne plus de l'émotion de votre aimable compagne, lorsqu'elle me disait : — Ah ! madame, c'est un cœur d'or que celui de mon mari !

— Vous nous écoutiez, j'en suis ravi ! — répond Wolfrang en se rapprochant de la causeuse où sont assises les deux jeunes femmes. — Avouez que ce qui surpasse peut-être encore la délicatesse exquise de cet acte, c'est la touchante modestie avec laquelle M. Lambert la raconte.

— Et le croiriez-vous, madame ? cet acte si honorable pour mon mari, je l'ignorais aussi, moi ! — ajoute naïvement Francine, toute glorieuse des louanges accordées au libraire. — Mais, en revanche, je sais d'autres actions de lui encore plus belles que celles-là ; oui, madame, encore plus belles que celle-là ; et si je vous racontais comment j'ai...

— Ma chère enfant... de grâce ! — dit M. Lambert en interrompant sa femme avec un accent de douce et paternelle autorité, — n'abusons pas de la bienveillance que monsieur et madame veulent bien nous témoigner.

— Je me tais, — mon ami... — dit Francine en rougissant et baissant les yeux ; — pardon, madame !

— Fi ! monsieur, vous la troublez, vous la rendez confuse, cette chère madame Lambert, — reprend Sylvia.

Et s'adressant gaîment à Francine :

— Il faut vous soustraire à cette tyrannie insupportable ! Venez un matin chez moi, et alors vous me direz sans contrainte tout le bien que vous pensez de ce méchant homme, ou plutôt, comme vos occupations peuvent vous retenir à votre magasin, et que moi je dispose librement de mon temps, j'irai vous trouver ; soyez tranquille, nous médirons à cœur-joie de ce vilain M. Lambert. Quoi ! il commet parfois, en sournois, les actions les plus nobles, les plus touchantes, et cet hypocrite ne veut pas souffrir qu'on le démasque ! Eh bien ! nous nous révoltons et nous le démasquerons, n'est-ce pas ?

— Oh ! oui, madame, quant à cela, je suis bien résolue à me révolter, — répond gaîment Francine, subissant de plus en plus le charme de Sylvia, et se sentant près d'elle tout à fait en confiance.

Puis s'adressant au libraire :

— Tu entends, mon ami, tu n'ignoreras pas du moins le complot?

— En effet, chère enfant, il existe ici un complot, — répond M. Lambert à la fois souriant et ému ; — monsieur et madame Wolfrang ont comploté de s'affectionner, en quelques instants, par leur affabilité charmante, un pauvre bouquiniste et sa femme; en un mot, de leur rendre aussi agréable que possible cette soirée, que nous redoutions fort, dans notre inexpérience du grand monde, et ma foi !... le complot a réussi au-delà de toute espérance.

— Puis le libraire ajoute sérieusement :

— Ma chère Francine, remercions le hasard qui nous a fait connaître monsieur et madame Wolfrang.

— Le dieu Hasard recevra aussi nos remercîments, mon cher monsieur Lambert, — reprend Wolfrang, — car, je vous le dis en toute sincérité, Sylvia et moi, nous sommes enchantés de la circonstance qui nous rapproche ; nos relations deviendront suivies, laissez-moi le croire... Puis, je suis un peu votre confrère indigne, en bibliomanie...

— Indigne! Ah! monsieur, si j'en juge

d'après le spécimen de votre savoir, vous pouvez rivaliser avec tous les libraires de la vieille roche,—répond ingénuement M. Lambert, — et si vous m'honorez d'une visite, je soumettrai à votre appréciation quelques exemplaires hors ligne, soit dit sans vanité.

L'un des valets de chambre annonce en ce moment et successivement :

— Monsieur et madame Borel !

— Monsieur Alexis Borel !

— Monsieur de Saint-Prosper !

Sylvia s'étant levée de la causeuse, afin d'aller recevoir madame Borel, le libraire fait un signe à sa femme et se dispose à quitter le salon, mais Wolfrang devinant l'intention de M. Lambert :

— De grâce ! ne nous quittez pas encore, madame Lambert sera, j'en suis certain, ravie d'entendre mademoiselle Antonia Jourdan.

— Oh ! sans doute, monsieur, — répond Francine.

Mais soudain la jeune femme devient pourpre, s'interrompt, et, songeant à M. de Luxeuil, elle répond, osant à peine jeter les yeux sur son mari :

— Cependant... il est... déjà tard, et...

— Ah! madame, il est à peine neuf heures et demie, reprend Wolfrang ; et, afin de vous décider peut-être à rester, j'ajouterai que Sylvia chantera ce soir, et que vous ne regretterez pas, je l'espère, de nous avoir accordé quelques instants de plus.

— Il nous est impossible de résister à une si aimable insistance, — répond le libraire ; — nous resterons donc, monsieur Wolfrang, et nous ferons de plus une action charitable, ajoute M. Lambert en souriant : — nous irons tenir un peu compagnie à ce pauvre M. Dubousquet qui, par sauvagerie, reste dans la bibliothèque, sur laquelle maintenant je serais curieux de jeter un coup d'œil; ceci... rend un peu moins méritoire mon action envers notre voisin.

Le valet de chambre annonce en ce moment :

— Monsieur de Luxeuil !

A ce nom, madame Lambert tressaille, rougit d'abord ; puis, pâlissant légèrement, elle dit au libraire d'une voix altérée, en se dirigeant vers la bibliothèque :

— Viens, mon ami, allons tenir compagnie à ce pauvre M. Dubousquet.

M. Lambert n'a pas remarqué la soudaine émotion de Francine ; il entre avec elle dans la bibliothèque, tandis que Wolfrang va rejoindre Sylvia, afin de l'aider à faire aux nouveaux arrivants les honneurs du salon.

XVI

M. et madame Borel, leur fils Alexis, M. de Saint-Prosper et M. de Luxeuil ont été, à leur entrée dans le salon, accueillis de la façon la plus courtoise par Wolfrang et par Sylvia, auprès de qui est assise la femme du banquier. Celui-ci et son fils ont pris place sur des chaises, à côté l'un de l'autre, non loin de M. de Saint-Prosper, le fondateur de l'œuvre d'alimentation pour la première enfance.

M. de Luxeuil, après avoir été saluer la maîtresse de la maison, jette un regard curieux vers la bibliothèque, où il a vu entrer précipitamment madame Lambert dès qu'il a été annoncé dans le salon.

La tâche de Sylvia et de Wolfrang est difficile et lourde ; il leur faut engager et nouer un entretien général entre des personnes complètement étrangères les unes aux autres, et auxquelles ils sont tous deux inconnus.

Wolfrang, debout et adossé à la cheminée, sur le marbre de laquelle il prend l'un des journaux du soir, paraissant à cette époque, et dit au banquier :

— Monsieur Borel a-t-il lu *le Messager* de ce soir ?

M. BOREL. — Non, monsieur.

WOLFRANG. — Et vous, monsieur de Saint-Prosper, avez-vous lu ce journal ?

M. DE SAINT-PROSPER. — Non, monsieur.

WOLFRANG. — Et vous, monsieur de Luxeuil ?

M. DE LUXEUIL. — Pas davantage.

MADAME BOREL. — Qu'y a-t-il donc, monsieur, de si intéressant dans ce journal ?

WOLFRANG. — Un juste hommage rendu à ces trois messieurs que je viens d'avoir l'honneur de nommer, madame, et cet hommage s'étend aussi à vous.

MADAME BOREL, *surprise*. — A moi? de grâce, expliquez-vous, monsieur.

WOLFRANG. — Me permettez-vous, madame, de lire le passage auquel je fais allusion?

MADAME BOREL. — Certainement, monsieur.

WOLFRANG, *lisant*. — « Aujourd'hui a eu
» lieu au ministère des finances l'ouverture
» des soumissions cachetées déposées par les
» maisons de banque qui désiraient se ren-
» dre adjudicataires de l'emprunt ouvert par
» le Gouvernement. La maison Borel et fils,
» de Lyon, ayant offert les conditions les
» plus avantageuses à l'État, a été déclarée
» adjudicataire de l'emprunt. »

M. BOREL. — En effet, monsieur, mais...

WOLFRANG. — Mille pardons de vous interrompre, monsieur. Ces quelques lignes n'ont rapport qu'au fait, et je tiens surtout à lire les commentaires. (*Wolfrang, lisant.*) « Nous nous félicitons de voir la maison Bo-
» rel et fils adjudicataire de cet emprunt

» considérable ; le chef de cette maison doit
» son immense fortune à sa haute intelli-
» gence des affaires, et, chose rare de notre
» temps, la délicatesse scrupuleuse, ombra-
» geuse même dont il a toujours fait preuve...

M. BOREL, *confus*. — De grâce, monsieur, l'exagération de ces louanges....

SYLVIA, *à madame Borel*. — Pourquoi faut-il donc, madame, que le mérite le plus éminent manque toujours de cette assurance de soi-même qui, jamais, ne manque à la nullité ou au ridicule ? Pourquoi faut-il que des personnes ordinairement équitables comme M. Borel, deviennent soudain d'une iniquité flagrante lorsqu'il s'agit de rendre justice à qui ? à elles-mêmes.

MADAME BOREL, *souriant, et à son mari*. — Mon ami, vous entendez madame ? J'ajouterai, qu'au risque de vous déplaire, je partage tout à fait son avis...

ALEXIS BOREL. — Et je me joins à madame et à ma mère pour prier M. Wolfrang de continuer la lecture de cet article.

M. DE LUXEUIL. — Je demande aussi la continuation de la lecture *(à part)* afin que l'on arrive plus tôt à l'article qui me concerne.

Que diable peut-on dire de moi dans ce journal? Après tout, ce ne peut être que très flatteur ; aussi je voudrais que cette petite Lambert fût présente et entendît la chose : cela lui monterait la tête encore davantage. *(Regardant Sylvia.)* Décidément, madame Wolfrang... est ce que j'ai rencontré au monde de plus ravissant. *(Réfléchissant et se rengorgeant dans sa cravate.)* On verra, on verra !

M. DE SAINT-PROSPER, *à M. Borel.* — Ah ! monsieur, combien je suis heureux d'être le co-locataire d'un homme tel que vous

M. BOREL, *confus.* — Monsieur, en vérité...

M. DE SAINT-PROSPER, *à part.* — Quel souscripteur pour mon œuvre, que ce millionnaire !

WOLFRANG. — Puisque ces dames le désirent, je continue. *(Lisant.)* « Et, chose rare
» de notre temps, la délicatesse de M. Borel,
» scrupuleuse, ombrageuse même, dont il a
» toujours fait preuve dans ses opérations
» financières, est devenue proverbiale à Lyon.
» Ajoutons enfin que M. Borel fait le plus gé-
» néreux usage de sa fortune, et, pour pein-

» dre en un mot et d'un trait la digne com-
» pagne de M. Borel, nous dirons que les
» classes pauvres de Lyon l'ont surnommée :
» la bonne dame de charité. Ce surnom... »

MADAME BOREL, *rougissant*. — Monsieur, je vous en supplie...

SYLVIA, *gaîment, à M. Borel*. — Voici, monsieur, le moment de vous venger !

M. BOREL, *souriant*. — Sans doute, et j'insiste à mon tour, afin que M. Wolfrang veuille bien achever la lecture de cet article.

ALEXIS BOREL. — Mon père fait ainsi le brave, parce qu'il n'a plus rien à craindre.

M. DE SAINT-PROSPER, *avec enthousiasme*. — La bonne dame de charité ! Ce surnom dit toute une vie de dévoûment à l'infortune! *(A madame Borel.)* Ah! madame! ces pauvres gens dont vous êtes l'ange consolateur, s'acquittent envers vous en vous donnant tout ce qu'ils possèdent : leur cœur.

MADAME BOREL. — Aussi, monsieur, suis-je payée au centuple du peu que je fais pour eux par leur reconnaissance !

M. DE SAINT-PROSPER, *à part*. — Quelle succulente patronnesse pour mon œuvre!

M. DE LUXEUIL, *à part.* — Décidément, madame Wolfrang me fait l'œil ; voilà deux fois qu'elle me regarde... d'une manière... Quel dommage que la petite Lambert ne soit pas là ! Une pointe de jalousie serait pour elle un fier coup d'éperon et avancerait sérieusement mes affaires. J'irai tout à l'heure la chercher.

WOLFRANG, *à madame Borel.* — Allons, madame, il faut vous résigner. (*Il lit.*) «... Et » pour peindre en un mot et d'un trait, la » digne compagne de M. Borel..: »

MADAME BOREL. — Pardon, monsieur, vous avez déjà lu cela.

SYLVIA. — Que voulez-vous, madame, Wolfrang agit un peu comme ceux dont vous êtes la providence : il se plaît à répéter le bien que vous faites.

MADAME BOREL, *demi-souriante et émue.* — Tenez, madame, vous êtes très dangereuse... vous finiriez par me faire aimer la louange ; je suis maintenant aux regrets d'avoir interrompu M. Wolfrang ; cela ne m'arrivera plus, et je le prie d'achever sa lecture.

ALEXIS BOREL, *bas à son père.* — Quel bon

goût, quelle bonne grâce dans les moindres paroles de madame Wolfrang ! Quelle délicieuse jeune femme !

M. BOREL, *bas à son fils*. — Un ange ! un ange ! elle a dit à ta mère quelques mots dont j'ai été bien touché.

WOLFRANG. — Certain de ne pas être interrompu cette fois, je reprends et j'achève. *(Il lit.)* « … Et pour peindre en un mot et d'un
» trait la digne compagne de M. Borel, nous
» dirons que les classes pauvres de Lyon
» l'ont surnommée la bonne dame de cha-
» rité. Ce surnom est plus que justifié, non-
» seulement par les aumônes considérables
» que distribue madame Borel, mais surtout
» par l'assistance toute morale, par les con-
» solations, par les conseils, par les encou-
» ragements qu'elle prodigue avec une solli-
» citude infatigable à ceux qu'elle secourt si
» généreusement. »

A ce moment, Sylvia, douée de trop de tact pour réitérer des louanges qui embarrasseraient madame Borel, la regarde avec attendrissement, et par un geste d'une soudaineté charmante, lui prend la main et la lui serre affectueusement. Cette nouvelle et discrète preuve de sympathie touche vivement la femme du banquier ; elle répond à la cordiale étreinte de la main de Sylvia.

Ce silencieux épisode, remarqué seulement d'Alexis Borel, n'a pas interrompu la lecture du journal que Wolfrang a ainsi terminée :

« Somme toute, en ces temps où l'on voit
» un si grand nombre de fortunes financières
» acquises par des moyens scandaleux, ou
» dont la source est souvent si impure, on est
» heureux de pouvoir citer l'exemple d'un
» homme qui ne doit ses richesses qu'à son
» intelligence, qu'à son travail, rehaussés,
» dignifiés par une éclatante probité. Tel est
» le chef de la maison de banque Borel et
» fils ; et tous ceux qui ont eu quelques rela-
» tions avec cette maison savent que M. Alexis
» Borel est digne, à tous égards, de porter le
» nom de son père, nom si honorable et si
» universellement honoré. »

SYLVIA, *très gracieusement à Alexis Borel, qui a rougi de modestie.* — Rassurez-vous, monsieur, nous ne commenterons pas la fin de cet article en ce qui vous concerne. N'a-t-il pas tout dit, en affirmant que vous étiez digne de porter le nom de monsieur votre père.

M. DE LUXEUIL, *à part*. — Elle est fièrement coquette, cette madame Wolfrang ! Elle me lance des œillades assassines, et elle débite des *m'amours* à ce petit jeune homme. Mais, décidément, je n'ai rien vu au monde de plus complet, de plus étourdissant que la beauté de madame Wolfrang, et je suis connaisseur ! Quel bras ! quelle main ! quel pied ! quelle taille ! quelle peau ! quelles dents ! quels yeux ! quels cheveux ! Enfin, elle a de la race jusqu'au bout des ongles, et fait en très grande dame les honneurs de son salon. Cette conquête est digne de moi, et, grâce à la petite madame Lambert, je jouerai ici ce soir double jeu.

Pendant cet aparté du jeune *beau*, Wolfrang, s'adressant à madame Borel et à Sylvia, leur a dit :

— Ah ! mesdames, si ces têtus d'Athéniens avaient écouté les conseils de Xénophon, pourtant !

MADAME BOREL, *ébahie, puis souriant*. — Les Athéniens ? Xénophon ? et à quel propos ?

WOLFRANG. — A propos de la maison de banque de M. Borel.

M. BOREL, *gaîment*. — Et quel rapport, je vous prie, monsieur, peut-il exister entre ma maison, les Athéniens et Xénophon ?

M. DE LUXEUIL, *enchanté du bon mot qu'il va dire, et montrant ses dents magnifiques.* — Fameux cheval de course que *Xénophon !* il a gagné le prix du Derby en 1829 ; il était fils de...

WOLFRANG. — Fils de *sir Ralph* par *Incantator*, et d'*Ophelia* par *Ellen-Mare*, et il appartenait à lord Yarborough ; mais ce n'est point précisément le même Xénophon dont j'avais l'honneur de parler à M. Borel.

M. DE LUXEUIL. — Je sais bien ; c'était une plaisanterie, mon cher monsieur. (*A part.* Peste ! M. Wolfrang possède son *Stud-Book* sur le bout du doigt. Oh ! c'est un sportman ; évidemment c'est un véritable sportman.

ALEXIS BOREL, *à part, regardant M. de Luxeuil*. — Ce grand fat m'est insupportable. Quelle suffisance ! quel aplomb !

M. BOREL, *à Wolfrang*. — Vous avez, monsieur, piqué vivement notre curiosité au sujet de Xénophon et de ma maison de banque.*(Gaîment)*. Nous vous sommons de satisfaire notre curiosité.

MADAME BOREL. — Sans doute ; il y aurait sans cela, monsieur, cruauté de votre part.

WOLFRANG, *riant*. — Il y aurait au contraire de ma part générosité à me taire, madame, à vous épargner ce qu'il y a de plus ennuyeux, de plus pesant au monde pour ceux qui la reçoivent, et de plus ridicule pour celui qui prétend la donner, à savoir, une manière de leçon d'histoire !

SYLVIA. — Il n'importe, Wolfrang, ce sera la punition de votre échappée au sujet de Xénophon, des Athéniens, que sais-je ?

WOLFRANG. — Soit, pour ma punition, et elle est cruelle... je vous ennuierai, mesdames. Vous savez qu'il n'existait pas de maisons de banque, ni chez les Romains, ni chez les Grecs ; ils déposaient leur argent, soit au temple de Delphes, soit à celui d'Olympie, sous la garde des prêtres de ces temples.

MADAME BOREL. — J'ignorais complètement ces faits historiques, monsieur, et je suis enchantée de les apprendre.

M. BOREL, *très attentif*. — Et moi donc !

Ceci est pour moi, en ma qualité de financier, d'un extrême intérêt...

M. DE SAINT-PROSPER, *à part*. — Il paraît que M. Wolfrang est un savant en *us*.

WOLFRANG. — Or, le génie de Xénophon, ayant deviné l'immense levier que devait offrir l'établissement de ces maisons de banque dont M. Borel est, à cette heure, l'un des plus honorables représentants, comprenait déjà parfaitement, à cette époque, ce qui est aujourd'hui élémentaire en finances : « Que » la banque de dépôt donne des billets et re- » çoit de l'argent, tandis que la banque d'es- » compte ou de circulation donne de l'argent » et reçoit des billets.

M. BOREL. — L'on ne saurait mieux préciser la question. (*Bas, à son fils.*) Il est étonnant qu'un homme du plus grand monde, à en juger par ses manières, se soit à ce point occupé de la science financière depuis l'antiquité jusqu'à nos jours.

WOLFRANG. — Xénophon proposa donc aux Athéniens de fonder une banque dont le capital eût été fourni par souscription; l'idée fut accueillie avec enthousiasme, mais les prêtres du temple de Delphes, jusqu'alors seuls gardiens des dépôts d'argent, qu'il leur eût fallu remettre en d'autres mains, trouvèrent l'invention financière fort impertinente ; la déclarèrent audacieuse, subversive et impie au premier chef ; menacèrent les Athéniens de la colère des dieux s'ils s'avisaient d'écouter les conseils de Xénophon. Les imposteurs prévalurent sur l'homme de génie ; ses grands desseins avortèrent; de sorte que, sans la jalouse cupidité de ces prêtres, la face du monde aurait changé depuis des milliers d'années, puisque des maisons de banque pareilles à celle de M. Borel, fonctionnant dès cette époque si reculée, auraient centuplé la production, l'industrie, le commerce, la richesse des états, grâce à la toute-puissance du crédit. Le *crédit*, selon moi, assure aux nations modernes sur l'antiquité, la même supériorité que l'usage des armes à feu donnait autrefois aux Européens sur les sauvages.

M. BOREL, *enthousiasmé*. — Monsieur, cet admirable axiôme devrait être inscrit en lettres d'or au fronton de la Bourse! car cet axiôme résume la science financière.

WOLFRANG. — Malheureusement, il a été

trop longtemps inconnu. Aussi n'est-ce qu'au moyen-âge, en 1171, je crois, que fut fondée à Venise la première banque de dépôt; puis vint celle de Barcelone en 1349. Mais, pardon, mesdames, mille pardons, c'est assez, c'est déjà beaucoup trop d'érudition; ma seule excuse est dans mon désir de convaincre M. Borel que je suis assez heureux pour apprécier à leur valeur les immenses services rendus aux États par une profession où il a conquis un rang si élevé.

MADAME BOREL. — Croyez-moi, monsieur, je vous suis très reconnaissante de m'avoir fait, pour ainsi dire, en quelques mots, comprendre la haute importance de la profession de mon mari et de mon fils.

M. BOREL, *à Wolfrang*. — Mais, monsieur, vous avez donc fait une étude spéciale de la science financière?

M. DE SAINT-PROSPER. — Évidemment, M. Wolfrang est un profond économiste, et son savoir...

WOLFRANG. — Mon savoir, si j'avais le bonheur de posséder quelque savoir, je l'échangerais de grand cœur contre l'esprit si généreusement pratique dont vous avez fait preuve dans votre touchante fondation, monsieur de Saint-Prosper. Ce journal rend à votre œuvre un juste hommage. Ces dames, je n'en doute pas, partageront mes sentiments lorsqu'elles auront entendu ce qui suit. (*Il s'apprête à lire.*) Veuillez écouter, mesdames.

M. DE LUXEUIL. — Permettez-moi, monsieur, de vous interrompre ; nous agissons, je le déclare, en affreux égoïstes ! (*Il rit et montre ses belles dents.*) Nous parlons de bonnes œuvres, et nous n'avons pas la moindre charité...

SYLVIA. — Vraiment ! Et comment cela, monsieur ?

M. DE LUXEUIL, *à part*. — Quel regard !... elle est pincée. (*Haut.*) Nous nous promettons un grand plaisir d'entendre lire l'article de journal relatif à M. de Saint-Prosper, et M. et madame Lambert, que j'ai vus tout à l'heure entrer dans le salon voisin, seront étrangers à cette lecture ; je vais donc les chercher. (*A Sylvia, d'un air vainqueur.*) J'espère, madame, que moi aussi je suis un fameux philantrope dans mon genre ?

SYLVIA (*souriant.*) Je me plais, monsieur, à vous croire parfait en tout genre.

M. DE LUXEUIL, *à part.* Elle m'agace ; décidément, elle en tient. (*Haut.*) Je vais donc, madame, remplir mon rôle philantropique, et vous amener M. et madame Lambert. (*Il entre dans la bibliothèque.*)

ALEXIS BOREL, *à part.* Il est impossible d'être plus sot et plus impertinent que ce monsieur ; il regarde à chaque instant madame Wolfrang avec une effronterie sans pareille, et dont je rougis pour lui.

XVII

M. de Luxeuil sort de la bibliothèque, donnant galamment le bras à Francine Lambert. Confuse et tremblante, elle rougit beaucoup. Sans remarquer l'émotion qu'elle s'efforce de dissimuler, M. Lambert est contrarié d'avoir été distrait de l'examen de quelques livres curieux, faisant partie de la bibliothèque.

M. de Luxeuil s'empresse d'offrir à madame Lambert un fauteuil; elle y prend place presque machinalement, tant elle est troublée. Ce siége est assez éloigné de la causeuse où sont assises madame Borel et Sylvia, pour que Francine, selon le calcul du jeune *beau*, puisse être témoin du manége qu'il médite. Le libraire s'assied à côté d'Alexis Borel.

SYLVIA, *à madame Lambert*. — Nous rendons grâce, chère madame, à M. de Luxeuil, qui a eu la bonne pensée d'aller vous enlever à votre solitude, ainsi que M. Lambert.

MADAME LAMBERT, *embarrassée*. — Madame...

M. DE LUXEUIL, *approchant du dossier de la causeuse une chaise basse, s'assied de façon à être très près de Sylvia, qui lui tourne à demi le dos, et à laquelle il s'adresse de plus en plus d'un air conquérant.*
— J'ai été sur le point de vous appeler tout à l'heure à mon aide, madame.

SYLVIA. — Et à quel sujet, monsieur?

M. DE LUXEUIL. — J'ai déterminé, sans trop de peine, M. et madame Lambert à venir nous rejoindre ici. Mais j'ai échoué, outrageusement échoué dans mes tentatives toujours philantropiques auprès de ce digne monsieur qui a son chien sous sa chaise. Il eût fallu, pour vaincre la résistance de cet obstiné, votre présence à vous, madame (*riant, et montrant ses belles dents*), à vous, qui devez pouvoir tout ce que vous voulez.

SYLVIA, *malignement*. — Ah! monsieur, si j'avais ce pouvoir... que de métamorphoses!

M. DE LUXEUIL, *riant et montrant ses dents*. — Voyons, c'est pour moi que vous dites cela, n'est-ce pas?

SYLVIA, *à madame Borel*. — Je vous le demande, madame, ne serait-ce pas grand dommage de métamorphoser M. de Luxeuil !

MADAME BOREL, *souriant*. — En effet, nous ne pourrions que perdre à ce changement.

M. DE LUXEUIL, *très satisfait, continuant l'exhibition de ses dents, et lançant une œillade à Sylvia*. — Je me contenterai donc, madame, de rester tel que je suis, puisque j'ai le bonheur de vous agréer de la sorte.

ALEXIS BOREL, *à part*. — Cet impudent a pris la réponse de madame Wolfrang pour un compliment.

MADAME LAMBERT, *à part, avec une surprise pénible*. — Comme M. de Luxeuil parle familièrement à madame Wolfrang! Comme il la regarde! Pourquoi est-il donc venu nous chercher alors, puisqu'il ne fait que s'occuper d'elle?

WOLFRANG. — Maintenant, mesdames, si vous le permettez, je vais lire l'article concernant M. de Saint-Prosper.

M. DE SAINT-PROSPER. — S'il ne s'agissait que de mon humble personnalité, je supplierais M. Wolfrang de passer cet article sous silence; mais je dois me résigner à l'entendre, parce qu'il traite d'une question que je crois digne de l'intérêt de ces dames; toutefois, je proteste d'avance contre ce que cet article contient sans doute de beaucoup trop flatteur pour moi.

WOLFRANG. — Or, mesdames, je commence. (*M. de Saint-Prosper prend une attitude pleine de modestie; son coude est appuyé au bras de son fauteuil, son front penché sur sa main, et son regard fixé sur le parquet. — M. Wolfrang lit.*) « Nous appelons de nouveau
» l'attention de nos lecteurs, et surtout de
» nos lectrices, sur une œuvre dont nous les
» avons déjà entretenus, et qui nous paraît
» devoir rendre de signalés services à l'une

» des classes les plus pauvres et les plus inté-
» ressantes de la société.

» L'énoncé seul de cette œuvre en indique
» la haute importance, et nous la transcri-
» vons ici :

» *Œuvre d'alimentation pour la première
» enfance. Souscription charitable ouverte
» sous la direction de M. de Saint-Prosper
» et sous le patronage de mesdames la mar-
» quise de Verteuil, — la comtesse de Mont-
» richard, — la princesse de Luxen, — lady
» Harriett Wilson, — la baronne Van
» Hek, etc., etc.* — (Le prix de la cotisation
» mensuelle sera fixé ultérieurement.)

» Le nom de mesdames les patronnesses, le
» caractère personnel du fondateur de l'œu-
» vre, prouvent, de prime-abord, combien
» elle est sérieuse. Quant à son but, dont
» nous avons déjà parlé dans le courant du
» mois passé, il est si éminemment philan-
» tropique et d'une exécution si praticable,
» que plusieurs journaux étrangers, entre au-
» tres *le Times* et *le Standard*, en Angleterre,
» la *Gazette officielle de Berlin*, en Prusse; le
» *Journal de Vienne*, en Autriche; *la Epoca*,
» en Espagne; *Il Cattolico*, en Italie, et enfin

» le *Journal de New-York,* aux États-Unis
» d'Amérique, ont spontanément rendu
» l'hommage le plus éclatant, le plus enthou-
» siaste à l'œuvre de M. de Saint-Prosper;
» œuvre qui doit, selon la voix unanime de la
» presse des deux mondes, placer son fonda-
» teur parmi les bienfaiteurs de l'humanité ;
» car ce grand homme de bien, ainsi que l'on
» disait au siècle dernier, ne se borne pas
» à... »

M. DE SAINT-PROSPER. — Monsieur, de grâce, il m'est vraiment impossible, malgré ma précédente résolution, de ne point vous supplier d'interrompre cette lecture.

WOLFRANG. — Ce n'est pas moi, monsieur, qui vous adresse ces louanges, c'est la voix des deux mondes.

SYLVIA, *émue.* — J'ignore quels sont les moyens pratiques de votre œuvre, monsieur de Saint-Prosper, mais son but justifie le concert d'éloges qui s'élève en votre faveur. Ah! monsieur, jouissez avec un doux orgueil de la plus pure de toutes les gloires ; celle-là ne fait couler que des larmes d'attendrissement et de reconnaissance. Soyez fier, oh!

bien fier, monsieur : votre nom sera béni de toutes les mères.

ALEXIS BOREL, *à part, et contemplant Sylvia avec adoration.* — Qu'elle est belle ! mon Dieu ! qu'elle est belle et touchante !

M. DE LUXEUIL, *à Sylvia, derrière laquelle il est resté assis.* — Vous parliez tout à l'heure de métamorphoses ; eh bien, je vous vois d'ici, madame, métamorphosée en dame patronnesse de l'œuvre de M. de Saint-Prosper... et il n'en faut pas davantage pour la mettre à la mode...

MADAME LAMBERT, *à part et navrée.* — M. de Luxeuil n'a pas quitté des yeux madame Wolfrang ; il lui fait des compliments ; il n'a pas un regard pour moi. Ah ! pourquoi suis-je venue ici ?

M. BOREL, *à Wolfrang.* — De grâce, monsieur, veuillez continuer cette lecture, dût-elle blesser la modestie de M. de Saint-Prosper.

MADAME BOREL. — Nous avons le plus vif désir de connaître les moyens pratiques de l'alimentation de ces pauvres enfants.

M. LAMBERT, *à part, et remarquant l'expression navrante des traits de sa femme.* —

Qu'a donc Francine? Elle paraît souffrante.

M. DE SAINT-PROSPER, *à Wolfrang*. — Monsieur, ne prenez pas la peine de lire la fin de cet article, dont je suis véritablement confus; et si ces dames le permettent, je vais en quelques mots les instruire de ce qu'elles désirent savoir.

SYLVIA. — A cette condition, et quoiqu'à regret, monsieur, nous consentons à renoncer au plaisir de vous entendre apprécier comme vous méritez qu'on le fasse.

M. DE SAINT-PROSPER, *d'une voix douce, pénétrante, et répétant mot pour mot ce que le matin il a dit à Tranquillin à ce sujet*. — Il m'a toujours semblé, mesdames, que rien n'était plus touchant ni plus digne d'un tendre intérêt qu'une pauvre petite créature venant au monde, exposée à tant de périls, si frêle, si délicate, qu'il suffit souvent d'un souffle pour la briser. Elle n'a de refuge que le sein maternel, où elle trouve la chaleur et l'existence. Mais souvent, trop souvent, hélas! qu'arrive-t-il parmi les classes déshéritées? La misère a tari le sein maternel, source de vie pour l'enfant, et c'est en vain que ses petites lèvres cherchent à aspirer le lait nourricier...

MADAME BOREL. — Ah! monsieur, rien de plus vrai que votre douloureuse observation. Bien des fois, j'ai été témoin de ce fait désolant : une mère épuisée par les privations, se voyant incapable de nourrir son enfant. Il n'est pas, je crois, au monde, de douleur plus atroce que celle-là pour une femme.

SYLVIA, *amèrement*. — Et l'on se dit, l'on se croit vraiment très malheureuse lorsque, revenant du bal, enveloppée de satin et de fourrures, bercée dans son carrosse, l'on s'avoue en frémissant que la toilette de madame une telle... éclipsait la vôtre!...

M. DE SAINT-PROSPER, *à Sylvia*. — Ce dont vous vous révoltez, madame, n'est pas endurcissement, c'est ignorance de maux dont l'on ne soupçonne pas même l'existence ; ainsi l'on ignore encore qu'une malheureuse mère que la détresse oblige à un travail incessant, est souvent en proie à une fièvre ardente. Alors son sang s'échauffe, ce n'est plus un lait salubre et vivifiant qu'elle donnera à son nouveau né, c'est un lait malsain, presque meurtrier.

MADAME BOREL. — Mon Dieu ! combien sont effrayantes les conséquences de la misère, lorsque l'on sonde cet abîme sans fond !

M. DE SAINT-PROSPER. — Que peut-elle faire, cette mère infortunée ? Quelles perplexités sont les siennes ! Elle sait qu'elle donne à son enfant un lait insalubre, et cependant elle est trop pauvre pour le mettre en nourrice. Essaiera-t-elle d'acheter du lait pour le nourrir ?

WOLFRANG. — Autre source empoisonnée, surtout à Paris.

MADAME BOREL. — Comment cela, monsieur ?

WOLFRANG. — Sans parler des falsifications malsaines qui corrompent le lait et échappent à la surveillance des magistrats, le plus grand nombre des vaches laitières qui appartiennent aux nourrisseurs de Paris chargés de l'approvisionnement de cette ville (1) deviennent phthisiques par suite du régime

---

(1) Ce récit se passe vers le milieu du règne de Louis-Philippe. L'extension du réseau des chemins de fer a changé les conditions de l'alimentation de Paris. Mais à cette époque, le fait cité n'était malheureusement que trop réel. (Voir l'excellent livre de *Parent-Duchâtelet.*)

de stabulation qu'on leur impose. Or, la phthisie se transmettant par ce lait empoisonné aux enfants qui n'ont d'autre nourriture, ils succombent tôt ou tard à une maladie mortelle, aspirée par eux, pour ainsi dire, dès leur naissance.

MADAME BOREL. — Ah! c'est affreux!

M. DE SAINT-PROSPER, *regardant Wolfrang avec un grand étonnement*. — Mais, monsieur, vous vous êtes donc aussi occupé de physiologie et de médecine? Vous avez donc aussi approfondi la question d'alimentation des enfants?

WOLFRANG. — Cette question ne saurait être mieux résolue que par vous, monsieur; il me reste à m'excuser de vous avoir interrompu; mon seul but était d'apporter une preuve de plus à l'appui de l'excessive importance de votre œuvre.

SYLVIA. — Hélas! chaque pas que l'on fait dans cette voie douloureuse nous découvre un danger de plus pour ces malheureux enfants. Mais ces dangers, monsieur, comment espérez-vous les conjurer?

M. DE SAINT-PROSPER. — Par un moyen fort

simple peu, coûteux, et d'un succès, je le crois, infaillible.

MADAME BOREL. — Et ce moyen ?

M. DE SAINT-PROSPER. — Il est unanimement reconnu par la science ; et, à ce propos, j'invoquerai maintenant l'autorité de M. Wolfrang, dont les savantes connaissances...

WOLFRANG. — De grâce, monsieur, continuez ; nous sommes impatients de vous entendre.

M. DE SAINT-PROSPER. — J'avais donc l'honneur de dire à ces dames qu'il est unanimement reconnu par la science que le lait de chèvre est, de tous, le plus salubre, le plus vivifiant, le plus riche en substance alimentaire ; et, de plus, que la chèvre est l'un des animaux qui demande le moins de soins et se nourrit le plus aisément et le plus économiquement possible...

MADAME BOREL, *vivement*. — Je comprends; l'idée est excellente : vous établissez un ou plusieurs dépôts de chèvres dans chaque arrondissement.

M. DE SAINT-PROSPER. — Oui, madame, et, veuillez ne pas sourire de ce détail, car il a sa grande importance, la chèvre, animal grimpant par excellence, montera très facilement les quatre ou cinq étages des maisons, afin d'aller offrir ses mamelles gonflées de lait à ses petits nourrissons ; l'on voit journellement dans les départements des Alpes, des enfants nourris par des chèvres ; elles se prêtent à cette nutrition, avec une douceur et une intelligence remarquables. Les médecins, consultés par moi, ont été d'avis qu'un enfant pouvait être parfaitement substanté en tétant quatre fois par jour une chèvre pendant la durée de six à sept minutes, et qu'une chèvre suffirait au moins à l'alimentation de deux enfants. Vous le voyez, mesdames, rien de plus simple et de plus pratique que le moyen que j'indique ; il remédie à ces trois poignantes conséquences de la misère : une mère dont les privations ont tari le sein, — une mère qu'un travail incessant rend maladive, et dont le lait vicié devient funeste à son enfant ; — enfin, et ainsi que l'a fait remarquer M. Wolfrang par son observation aussi profonde que savante, une mère trop pauvre pour placer son nouveau-né en nourrice, et ainsi réduite à le substanter d'un lait presque toujours empoisonné par la phthisie qui se transmet ainsi à ces pauvres petites créatures. Un dernier mot, mesdames : le vif intérêt que vous daignez manifester pour cette fondation me fait espérer que, peut-être, vous voudrez bien me permettre d'inscrire vos noms parmi les dames patronnesses de mon œuvre ?

SYLVIA. — Pouvez-vous en douter, monsieur ? Contribuer à une œuvre pareille, c'est à la fois un devoir, un honneur et un plaisir. *(Avec expansion).* Merci, monsieur de Saint-Prosper, merci du fond du cœur d'avoir songé à moi pour patronner cette œuvre !

MADAME BOREL. — Je ne puis que répéter les paroles de madame, je ne saurais mieux exprimer ma propre pensée.

M. DE SAINT-PROSPER, *d'un ton pénétré.* — Je reçois, mesdames, et grâce à vous, ma plus douce, ma plus flatteuse récompense. (*Il s'adresse à madame Lambert, profondément absorbée, qui, la tête baissée, le regard fixe, semble étrangère à ce qui se passe autour d'elle.*) Puis-je aussi espérer que madame Lambert me permettra de l'inscrire parmi les dames patronnesses ?

M. LAMBERT, *à M. de Saint-Prosper.* —

Monsieur, c'est trop d'honneur pour nous, notre nom est si obscur...

M. DE SAINT-PROSPER. — N'êtes-vous pas, monsieur, l'un des notables commerçants de notre quartier? Puis j'oserai vous faire remarquer que le caractère même de cette œuvre est justement de fondre toutes les classes sociales dans un fraternel concours à un établissement humanitaire.

M. LAMBERT. — Cette raison, monsieur, doit vaincre mes scrupules, et puisque vous le désirez...*(S'adressant à Francine, toujours absorbée).* Ma chère amie, vous entendez la demande de M. de Saint-Prosper?

MADAME LAMBERT, *tressaillant à la voix de son mari, et sortant de sa rêverie.* — Oui, mon ami.

M. DE LUXEUIL, *à part.* — Cette petite Lambert est si novice et si gauche, qu'elle finirait par éveiller les soupçons de son mari, car elle ne peut cacher la jalousie que lui causent mes assiduités auprès de Sylvia. L'épreuve a assez duré; maintenant, passons à sa contre-partie à l'endroit de cette belle Sylvia, que j'ai décidément... empoignée; un grain de jalousie la piquera et fera merveille.

M. DE SAINT-PROSPER, *à Francine qui s'est remise de son trouble*. — J'ai l'honneur de vous prier, madame, de me permettre d'inscrire votre nom parmi ceux des dames patronnesses de mon œuvre.

MADAME LAMBERT, *interrogeant son mari avec embarras*. — Monsieur, je ne sais si...

M. LAMBERT. — Ma chère amie, nous devons, ce me semble, accepter l'offre de monsieur.

MADAME LAMBERT, *baissant les yeux*. — En ce cas, mon ami, j'accepte.

MADAME BOREL, *bas à Sylvia, lui indiquant Francine du regard*. — Il est difficile d'être plus jolie que cette jeune femme. Quel air modeste !

SYLVIA, *bas*. — N'est-ce pas qu'elle est charmante, et que sa candeur égale sa beauté ?

MADAME BOREL, *bas*. — Elle paraît attristée.

SYLVIA, *bas*. — Son embarras est grand ; elle a peu l'habitude du monde et vit fort retirée, ainsi que son mari. Ah ! madame, quel excellent cœur que celui de M. Lambert !

MADAME BOREL. — Je le crois sans peine ; écoutez-le.

M. LAMBERT, *vient de dire à M. de Saint-Prosper :* — Je vous prie, monsieur, de vouloir bien nous inscrire, ma femme et moi, comme souscripteurs d'une somme annuelle de trois cents francs pour l'établissement de votre œuvre. Je regrette de ne pouvoir que faiblement témoigner de la profonde sympathie qu'elle nous inspire.

M. BOREL, *tout bas à M. de Saint-Prosper.* — Veuillez bien nous compter, ma femme, mon fils et moi comme souscripteurs annuels de la somme de six mille francs.

WOLFRANG, *souriant.* — Je gage que M. Borel, par un sentiment de parfaite délicatesse que tout le monde appréciera comme moi, dit tout bas le chiffre de sa souscription, parce que ce chiffre est considérable.

M. DE SAINT-PROSPER. — En effet, monsieur, ce chiffre est de...

M. BOREL, *vivement à M. de Saint-Prosper.* — Monsieur, de grâce, le secret est la seule condition que je mette à ce don.

M. DE SAINT-PROSPER. — Je me tais, monsieur.

ALEXIS BOREL, *s'approchant de M. Saint-*

Prosper, et à demi-voix. — Vous voudrez bien me...

M. BOREL, *à son fils.* — C'est inutile, mon ami, j'ai souscrit pour toi, pour ta mère et pour moi.

ALEXIS BOREL, *souriant.* — Tu as souscrit pour la maison Borel et fils, soit, cher père, mais je désire souscrire personnellement. (*Bas à Saint-Prosper*). Inscrivez-moi pour douze cents francs par an. (*A part, et regardant Sylvia avec émotion*). Faire le bien, c'est plaire, j'en suis certain, à cette adorable femme ! Je n'ose m'approcher d'elle, lui parler ! Ah ! que M. de Luxeuil est heureux d'être sot, fat et impudent ; il ose tout, lui !

WOLFRANG, *à M. de Saint-Prosper.* — Mon homme de confiance, M. Tranquillin, ira demain chez vous, monsieur, vous porter ma souscription.

M. DE LUXEUIL, *à part.* — Allons, il n'y a pas moyen de reculer, il va falloir s'exécuter, du moins en apparence, car le diable m'emporte si je donne un rouge liard pour ses moutards et ses chèvres ! (*Haut*). M. de Saint-Prosper, j'aurai le plaisir d'aller me faire inscrire demain chez vous.

M. LAMBERT. — Nous oublions mon collègue en sauvagerie, notre exilé de la bibliothèque; il sera, je n'en doute pas, très heureux aussi de concourir à cette œuvre dont je vais lui faire part.

Le libraire quitte le salon et entre dans la bibliothèque, tandis que M. Wolfrang, M. Borel et Saint-Prosper échangent quelques paroles. — M. de Luxeuil, suivant du regard M. Lambert, se dit : — A merveille ! le mari s'en va ; sa présence me gênait ; cette petite a si peu d'usage ! *(Il quitte la place qu'il occupait, assis derrière la causeuse où se tiennent Sylvia et madame Borel, et vient s'asseoir auprès de Francine ; elle tressaille et rougit.)*

Alexis Borel, voyant vide la place naguère occupée par M. de Luxeuil, fait un effort sur lui-même, et s'approche timidement de la causeuse, se rassurant quelque peu en songeant qu'il a le prétexte de venir parler à sa mère, assise à côté de Sylvia ; et n'osant lever les yeux sur celle-ci, il dit à madame Borel :

— Quelle touchante idée que celle de M. de Saint-Prosper, n'est-ce pas, ma mère?

MADAME BOREL. — Très touchante, mon ami ; en outre, elle est heureusement praticable.

SYLVIA, *gracieusement, à Alexis Borel.* — Vous ne pouviez prouver plus généreusement que vous ne l'avez fait, monsieur Alexis, l'intérêt que cette œuvre vous inspire.

ALEXIS BOREL, *ravi et rougissant.* — Madame... c'est... si peu de chose!...

MADAME BOREL, *à Sylvia, et souriant.* — Je vous avouerai, madame, au risque de passer pour la plus orgueilleuse des mères, qu'Alexis est le meilleur garçon du monde, et si je vous citais de lui, madame, certains traits...

ALEXIS, *confus.* — Ah! ma mère, ma mère!...

SYLVIA, *gaîment, à madame Borel.* — Il est capable de nous fuir pour échapper à vos louanges. (*Indiquant du regard au jeune homme la chaise placée derrière la causeuse*). Veuillez vous asseoir là, monsieur Alexis ; de la sorte, vous ne nous échapperez pas.

ALEXIS BOREL, *s'asseyant, au comble de la joie.* — Ah! madame, que de bontés!

M. DE LUXEUIL, *à part.* — J'en étais sûr ; mon jeu produit son effet ; la belle Sylvia, alouse de me voir la quitter pour venir m'occuper de la petite Lambert, fait asseoir auprès d'elle ce petit jeune homme, afin de me piquer à vif. C'est le chassé-croisé traditionnel ; tout va bien !

WOLFRANG, *debout, adossé à la cheminée, reprend le journal.* — Je vous rappellerai, mesdames, que par un heureux hasard, ce journal du soir s'occupe de plusieurs personnes que j'ai l'honneur d'avoir pour locataires ; ainsi, après avoir mentionné l'emprunt obtenu par M. Borel, la fondation philantropique de M. de Saint-Prosper, ce journal contient encore deux articles concernant M. de Luxeuil et M. de Francheville, que nous aurons le plaisir de voir ce soir, je l'espère, et à qui, pour ma part, je serrerai la main avec autant de cordialité que de profonde estime, car ce journal cite de M. de Francheville un trait qui l'honore aux yeux des honnêtes gens ; mais, procédons par ordre, et permettez-moi, mesdames, de vous lire l'article relatif à M. de Luxeuil.

XVIII

Pendant que Wolfrang annonçait ainsi la lecture de l'article du journal concernant M. de Luxeuil, celui-ci, profitant de l'attention que les autres personnages prêtaient aux paroles du maître de la maison, vers qui leurs regards étaient tournés, a dit tout bas à madame Lambert :

— Vous avez lu ma lettre ?
— Pour mon malheur,—a répondu Fran.

cine, tout bas aussi, d'une voix tremblante et les larmes aux yeux; — laissez-moi, monsieur !

— Faisons la paix, jalouse, — a répondu effrontément le *beau*. — Ne voyez-vous pas que je donnais le change à votre mari en m'occupant de cette bégueule de Sylvia ? Elle n'est que belle, vous êtes ravissante.

A cette fadeur, Francine, levant ses grands yeux bleus encore humides et où brille une lueur d'espérance, a regardé furtivement M. de Luxeuil, et il a ajouté :

— Sylvia est furieuse de me voir près de vous; je vous adore.

— S'il était vrai ! — a murmuré madame Lambert, le visage pourpre, la poitrine gonflée, au moment où Wolfrang, debout devant la cheminée, lisait ce qui suit :

« L'on annonce dans le monde élégant une
» solennité hyppique qui doit avoir lieu jeudi
» prochain à la Croix-de-Berny, et qui préoc-
» cupe vivement nos *sportmen*. Il s'agit d'un
» steeple-chase (course au clocher) entre
» deux des plus brillants *gentlemen riders*
» (gentilshommes qui montent leurs che-
» vaux.) M. de Noirmont et M. de Luxeuil. Le

» premier de ces deux messieurs montera le
» célèbre *sultan Visapour*, et la non moins
» célèbre *Mademoiselle-Madeleine* sera mon-
» tée par M. de Luxeuil. Des paris considé-
» rables sont engagés pour cette course, qui
» offrira des obstacles véritablement formi-
» dables, entre autres, la rivière de Bièvre,
» large de vingt pieds, que les deux concur-
« rents devront franchir trois fois (1).

MADAME LAMBERT, *à part*, — Grand Dieu ! c'est effrayant, faut-il qu'IL soit courageux !

WOLFRANG, *lisant*. — « De plus, trois haies
» de cinq pieds chacune ; enfin, et celui-là
» est le plus redoutable des obstacles, un

---

(1) Nous serions mal compris si l'on nous attribuait la pensée de ridiculiser les personnes qui s'occupent sérieusement de courses de chevaux ; elles exercent une puissante influence sur l'amélioration des races, en cela que les chevaux vainqueurs réunissent toutes les qualités essentielles du *type reproducteur*. — Nous nous félicitons d'avoir été dans notre jeunesse l'un des fondateurs de la Société des Courses, devenue plus tard le *Jockey Club*, dont nous avons eu l'honneur d'être, et où nous avons connu des amis dont nous conserverons toujours le meilleur et le plus agréable souvenir. *(Note de l'auteur.)*

» mur en pierres sèches de plus de cinq pieds
» d'élévation. »

MADAME LAMBERT, *à part*. — C'est à se tuer cent fois, mon Dieu ! Ah ! si M. de Luxeuil m'aimait, il me promettrait de ne pas ainsi risquer sa vie !

WOLFRANG, *lisant*. — « Jusqu'à présent,
» les paris ouverts sont en proportion de trois
» contre un en faveur de *Mademoiselle-Ma-*
» *deleine*, non-seulement à cause de la re-
» nommée bien connue de cette victorieuse
» jument, mais parce qu'elle sera montée par
» son propriétaire, M. de Luxeuil, l'un des
» princes de notre jeunesse dorée, si connu
» dans la fashion parisienne et sur le turf
» (champ de course) par la vigueur, le sang-
» froid et l'intrépidité dont il a fait preuve
» dans différentes courses très périlleuses. En
» effet, selon les juges les plus compétents,
» en ce qui touche l'art équestre, M. de
» Luxeuil, cavalier raffiné, joint une rare so-
» lidité à une exquise élégance. »

M. DE LUXEUIL. — Allons, allons, ce monsieur exagère ; je monte parfaitement bien, cheval, voilà tout...

WOLFRANG. — Vous êtes, monsieur, trop modeste, en vérité.

M. DE LUXEUIL. — Non, d'honneur, je serais moins bon cavalier, je le dirais avec la même sincérité...

WOLFRANG, *lisant*. — « Nous avons, l'an
» passé, lors des courses de haies de Chan-
» tilly, lesquelles ont occasionné des accidents
» si graves parmi les *gentlemen riders* qui y
» prenaient part, nous avons, disons-nous,
» été personnellement témoins de l'espèce
» d'ovation dont M. de Luxeuil, vainqueur
» de cette course, a été l'objet de la part de
» la foule enthousiasmée ; nous le voyons en-
» core, vêtu de sa casaque de soie orange,
» coiffé de sa toque de velours noir, arriver
» seul et distançant de bien loin ses rivaux,
» dont plusieurs étaient désarçonnés ou griè-
» vement blessés ; nous voyons encore, di-
» sons-nous, M. de Luxeuil franchir la der-
» nière haie avec autant de hardiesse que
» d'aisance et de grâce, et saluant de la main,
» avec une courtoisie chevaleresque, la fine
» fleur de nos élégantes et de nos femmes à
» la mode placées dans les tribunes ; elles
» applaudissaient avec transport, ou agitaient

» leurs mouchoirs, acclamant l'heureux
» vainqueur, que bien des beaux yeux sui-
» vaient d'un regard charmé. »

M. DE LUXEUIL, *avec un aplomb imperturbable.*— Ici le journaliste rentre dans le vrai, il n'exagère plus, je lui rends justice ; ç'a été, comme il dit, une véritable ovation. Que voulez-vous ? ce n'est pas ma faute à moi, c'est la faute à ces dames.

WOLFRANG. — Ah! monsieur, soyez-leur du moins indulgent. *(Il lit.)* « Il est donc à
» croire, si l'on en juge d'après les propor-
» tions des paris, que le prochain steeple-
» chase de la Croix-de-Berny sera pour M. de
» Luxeuil l'occasion d'un nouveau triom-
» phe. »

MADAME LAMBERT, *à part, après avoir constamment attaché son regard ravi sur M. de Luxeuil.* — Et IL m'aime, lui, dont l'on vante publiquement la grâce et le courage; LUI, l'un des princes de la jeunesse élégante; lui, l'idole de tant de belles dames du grand monde qui l'applaudissaient avec enthousiasme! Il m'aime, moi, pauvre petite boutiquière ! Ah ! si je pouvais le croire, combien je serais fière! *(Tressaillant et s'attristant.)*

Et pourtant... tromper mon mari... Ah! je serais bien coupable! Non, je ne veux pas, je ne dois pas aimer M. de Luxeuil, je serais trop malheureuse. Mon Dieu! voilà qu'il regarde cette madame Wolfrang... Oh! que je souffre!

ALEXIS BOREL, *à part*. — Ce fat insolent n'a pas sourcillé devant cet article louangeur; il n'en a interrompu la lecture que pour confirmer ces éloges accordés à son incomparabel mérite. Je n'ai pas osé lever les yeux sur madame Wolfrang, de crainte de lire sur ses traits son admiration pour ce centaure. Hélas! peut-être elle partage l'enthousiasme de ces belles dames des tribunes qui, à Chantilly, applaudissaient avec transport cet heureux vainqueur.

WOLFRANG, *après avoir déposé le journal, sur la cheminée, s'adressant à M. de Luxeuil*. — Je partage, monsieur, l'espoir de l'auteur de cet article : le prochain steeple-chase de la Croix-de-Berny sera pour vous l'occasion d'un nouveau triomphe.

M. DE LUXEUIL. — Si cela ne dépendait que de moi, je dirais tout bonnement oui, parce que je suis excellent homme de cheval, et que je me connais...

SYLVIA. — Heureusement pour vous, monsieur... car il y a tant d'inconvénients à ignorer son propre mérite : cela rend d'une défiance...

M. DE LUXEUIL. — ... Des plus fâcheuses. On hésite, on recule devant les obstacles, tandis que moi, me connaissant comme je me connais, j'arrive devant un obstacle, persuadé que je le franchirai, et je le franchis; mais, par malheur *Mademoiselle-Madeleine* est gravement indisposée.

SYLVIA. — Vraiment, cette pauvre demoiselle?... (*S'adressant à madame Borel.*) — Ne trouvez-vous pas, madame, quelque chose de délicat et de touchant dans la nouvelle coutume de MM. les *hommes de cheval*, comme ils s'intitulent. Ils donnent à des bêtes le nom de *madame* ou de *mademoiselle*? Transporter ces formules du langage dans l'écurie où ces messieurs vivent journellement en si étroite communion de goûts et de pensées avec ces *dames* et ces *demoiselles* à quatre pieds, me paraît un acte d'équité dont je suis véritablement attendrie...

ALEXIS BOREL, *à part*. — Bravo ! Quelle fine et mordante ironie à l'adresse de l'*homme-cheval*, car la particule *de* est de trop.

M. DE LUXEUIL, *à part*. — Elle est furieuse de jalousie, elle veut me piquer, tout va bien ; allons... ça mord... ça mord ! (*Haut et montrant ses belles dents.*) — Et que trouvez-vous donc, madame, de si attendrissant dans notre coutume de donner à nos juments le nom de madame et de mademoiselle ?

SYLVIA. — Comment, monsieur, n'est-ce point un acte de conscience et d'équité des plus touchants que d'accorder le titre de *madame* et de *mademoiselle* à celles-là qui sont vos compagnes habituelles, qui ont la plus grande part dans votre vie, qui sont votre joie, votre orgueil, qui causent enfin vos plus vives et souvent vos seules émotions ? Mais vous seriez d'abominables ingrats, messieurs les *hommes de cheval*... si vous n'éleviez pas vos compagnes jusqu'à vous en les traitant en égales !

M. DE LUXEUIL, *à part, et frappé d'une idée subite*. — Je parie qu'elle est jalouse de *Mademoiselle-Madeleine !!!* D'honneur, ces choses-là n'arrivent qu'à moi !

MADAME BOREL, *riant, et à Sylvia.* — Je partage de tous points, chère madame, votre juste admiration pour l'équité dont font preuve ces messieurs.

SYLVIA. — Aussi, je demanderai à M. de Luxeuil, avec un redoublement d'intérêt, des nouvelles de *Mademoiselle-Madeleine*, car je l'ai malheureusement interrompu au moment où il allait nous informer de la santé de cette chère créature...

MADAME LAMBERT, *à part.* — Quel esprit méchant elle a, cette madame Wolfrang ! C'est peut-être qu'elle en veut à M. de Luxeuil de ce qu'il l'a quittée pour venir s'asseoir près de moi... Oh ! s'il en était ainsi, combien je serais glorieuse de la rendre jalouse !

M. DE LUXEUIL, *à Sylvia.* — Puisque vous voulez bien, madame, vous intéresser à la santé de *Mademoiselle-Madeleine*, je vous dirai (*d'un ton doctoral*) qu'elle est atteinte d'une péripneumonie au premier degré.

SYLVIA. — Bon Dieu ! à en juger par son nom terrible, ce doit être une bien redoutable maladie que celle-là ?

M. DE LUXEUIL. — Certes, madame, lorsque la maladie n'est pas soignée à temps ; mais je conserve bon espoir; j'ai envoyé *Mademoiselle-Madeleine* à Viroflay. Mon vétérinaire va deux ou trois fois par jour la visiter, car la fièvre, l'insomnie l'épuisent : elle est si nerveuse!

MADAME LAMBERT, *à part*. — Comme il a bon cœur! Quel intérêt il témoigne à ce pauvre animal!

SYLVIA, *à madame Borel*. — Madame, vous entendez, *Mademoiselle-Madeleine* est nerveuse!

MADAME BOREL, *souriant*. — Elle a peut-être des vapeurs.

SYLVIA. — Voyons, monsieur de Luxeuil, soyez sincère, vous aurez, malgré tout votre esprit, malgré votre parfait savoir-vivre, et bien involontairement, sans doute, blessé peut-être, par un léger manque de tact ou d'égard, par un mot brusque, par un regard moins tendre, que sais-je? vous aurez blessé, dis-je, la sensibilité de cette pauvre *demoiselle*; les personnes nerveuses sont toujours si impressionnables!

M. DE LUXEUIL, *très vexé, et riant d'un rire forcé*. — Charmant! charmant! charmant!

WOLFRANG, *à part*. — Les sarcasmes de Sylvia finiront par intimider ce maître sot, malgré son formidable aplomb, et nous ne jouirons plus de son outrecuidance dans toute sa plénitude; venons à son secours. (*Haut.*) — Ne vous y trompez pas, mesdames, M. de Luxeuil dit le mot vrai : nerveuse, en parlant de *Mademoiselle-Madeleine*. La fameuse *Cornelia*, mère du célèbre *Éclipse*, qui, sans avoir jamais été touchée de la cravache ou de l'éperon, a gagné vingt-trois courses dont le gain s'est élevé à plus d'un million...

M. BOREL, *riant*. — Quel habile financier que cet *Éclipse* !

M. DE SAINT-PROSPER, *dont l'œil brille de convoitise*. — Plus d'un million ! plus d'un million !

SYLVIA, *à Wolfrang*. — Eh bien ! cette illustre *Cornelia* ?

WOLFRANG. — Elle était douée d'une telle intelligence, elle était si nerveuse, ainsi que le disait M. de Luxeuil de *Mademoiselle-Madeleine*, qu'après ses débuts sur le turf, elle devina l'an suivant, au régime particulier, en un mot, à l'*entraînement* auquel on la soumettait, afin de la préparer à la course, qu'elle devait bientôt courir encore ; alors, l'ardente préoccupation et l'impatience de cette lutte prochaine, impressionnèrent si vivement *Cornelia*, qu'en proie à une agitation incessante, elle perdit l'appétit, le sommeil, enfin dépérit à ce point, que l'on dut renoncer à continuer de l'*entraîner*. La cessation de ce régime mettant fin à ses préoccupations, elle recouvra la santé ; or, chose inouïe, malgré le défaut d'entraînement : condition indispensable à tout cheval de course, *Cornelia*, néanmoins, battit toujours ses rivaux.

M. BOREL. — C'est incroyable d'intelligence, et, pour ainsi dire, de raisonnement chez un animal !

WOLFRANG. — D'où il suit, mesdames, que M. de Luxeuil est parfaitement dans le vrai, lorsqu'il parle de l'agitation de *Mademoiselle-Madeleine* ; mais, espérons qu'elle sera bientôt en état de poursuivre le cours de ses succès.

M. DE LUXEUIL, *à part*. — Décidément, ce M. Wolfrang est un sportman très distingué. (*Haut, à Sylvia.*) — Eh bien, madame, avais-je tort de dire que *Mademoiselle-Madeleine* était nerveuse? Vous regretterez, je l'espère, de vous être moquée de moi à ce sujet ; et, pour pénitence, vous viendrez à la Croix-de-Berny, n'est-ce pas ?

WOLFRANG. — C'est une excellente idée; Qu'en pensez-vous, Sylvia?

SYLVIA, *à madame Borel.* — Vous plairait-il, madame, d'être de cette partie?

MADAME BOREL. — Avec le plus grand plaisir ; mais, surtout, afin de jouir de votre agréable compagnie, madame ; car je l'avoue, les courses m'intéressent assez peu.

M. BOREL. — Et moi, je serais enchanté d'assister, pour la première fois, à une course au clocher.

M. DE LUXEUIL. — Je me charge de faire réserver des places pour ces dames au premier rang des tribunes. *(A Sylvia, presque familièrement.)* — Ainsi, vous venez, c'est convenu?

MADAME LAMBERT, *à part, avec angoisse.* — Mon Dieu ! comme IL la regarde encore! comme IL est galant pour elle !

ALEXIS BOREL. — Si madame Wolfrang se

rend à cette course, je n'irai certes pas pour assister au triomphe de ce fat.

sylvia, *à madame Lambert avec une gracieuse affabilité*. — Chère madame, je vous offre une place dans ma voiture pour aller à cette course.

madame lambert, *rougissant*. — Madame, je...

sylvia. — Oh! j'obtiendrai, je n'en doute pas, l'agrément de M. Lambert. Justement, le voici. (*S'adressant au libraire qui sort de la bibliothèque, où sont restés M. Dubousquet et Bonhomme.*) — Mon cher monsieur Lambert, venez ici, près de moi : j'ai une grâce à vous demander...

Alexis Borel, quittant la place qu'il occupait derrière la causeuse où sont assises madame Borel et Sylvia, qui s'entretient avec le libraire, va rejoindre M. Borel, Wolfrang et M. de Saint-Prosper, groupés devant la cheminée.

M. de Luxeuil profite de l'inattention générale pour dire tout bas à Francine :

— Vous viendrez à la Croix-de-Berny ?

— Pour risquer de vous voir tuer ? non !

non ! — murmura madame Lambert d'une voix altérée. Et puis, je...

— Bah! quel enfantillage! — répond le *beau,* interrompant Francine; — je veux que vous veniez, moi, si vous m'aimez.

— Et vous, si vous m'aimiez, vous renonceriez à cette course.

— J'y consens, — dit M. de Luxeuil, — mais à une condition.

— Laquelle? — demanda timidement Francine, — dites-la-moi?

— Je vous la dirai tout à l'heure, dès que j'en trouverai l'occasion, ange de ma vie ! — répond M. de Luxeuil.

Et son regard empourpre le visage de la jeune femme, à qui Sylvia s'adresse en ce moment, en lui disant :

— J'étais assurée d'avance, ma chère madame, d'obtenir le consentement de M. Lambert. Il est donc convenu que nous irons ensemble à la Croix-de-Berny.

M. LAMBERT, *à sa femme dont il remarque l'embarras.* — Je sais, ma chère enfant, que de tels plaisirs ne conviennent guère à des personnes de notre modeste condition ; mais madame a insisté avec tant de bienveillance!

(*Souriant avec bonté.*) Puis, une fois n'est pas coutume ; et vous avez d'ailleurs si peu de distractions, que je vous verrai avec plaisir, je vous l'assure, accepter l'honneur que madame veut bien vous faire en vous emmenant avec elle.

MADAME LAMBERT, *à part*. — Ah ! tant de bonté de mon mari me navre ! (*Haut, avec embarras.*) Je suis très reconnaissante à madame de son... obligeante invitation ; et, puisque vous le désirez, mon ami...

WOLFRANG, *à Sylvia.* — M. Lambert n'avait pas trop présumé de la générosité de notre sauvage exilé. *(Montrant du regard la porte de la bibliothèque où est resté M. Dubousquet.)* Il attend l'heure du concert en feuilletant obstinément des albums, et il a souscrit à l'œuvre de M. de Saint-Prosper pour une somme annuelle de trois cents francs, m'a dit M. Lambert.

M. DE SAINT-PROSPER. — Je vais aller le remercier de...

M. LAMBERT. — De grâce ! n'y allez pas ; il est si timide, que vous l'embarrasseriez. Je me charge de vos remercîments, moi qui l'ai un peu apprivoisé.

WOLFRANG, *regardant la pendule.* — Il est neuf heures passées ; peut-être n'aurons-nous pas le plaisir de voir ce soir M. de Francheville ; toutefois, mesdames, si nous devons être privés de sa présence, vous le connaîtrez du moins moralement... Veuillez, à ce sujet, m'accorder quelques minutes d'attention, et écouter cet article de journal relatif à M. de Francheville. Je vous ferai remarquer que c'est un journal de l'opposition qui parle, et que M. de Francheville est fonctionnaire public. (*Wolfrang lisant.*) « L'on nous a
» souvent reproché, ainsi qu'aux autres or-
» ganes de la presse indépendante, de faire
» au ministère une opposition systématique ;
» nous sommes heureux de rencontrer une
» fois de plus l'occasion de démentir cette
» allégation par un fait.

» Certes, nous nous sommes toujours éle-
» vés avec véhémence contre la corruption ;
» certes, nous avons stigmatisé, comme nous
» devons le faire, le scandale de ces *pots-de-*
» *vin*, honteux trafic dont ne bénéficient que
» trop souvent des hommes dont la position
» rend leur convoitise doublement criminelle :
» nous n'avons pas besoin de rappeler le

» procès intenté dernièrement devant la Cour
» des Pairs à un ministre et à ses complices.

» Mais, par cela même que cette odieuse
» vénalité nous a toujours semblé mériter la
» flétrissure la plus infamante, l'intégrité
» chez un fonctionnaire public a d'autant
» plus droit à nos respects, à nos hommages,
» que des exemples contraires se sont mal-
» heureusement produits sous le gouverne-
» ment du roi Louis-Philippe ; ces respects,
» ces hommages, nous les accordons haute-
» ment et sans restriction à l'un de nos adver-
» saires politiques les plus déclarés, M. de
» Francheville, sécrétaire du ministre. »

M. de Francheville, au moment où son nom est prononcé, paraît au seuil de la porte du salon, et il fait signe au domestique qui le précède de ne point l'annoncer, semblant vouloir, par courtoisie, attendre pour se présenter au maître de la maison qu'il ait achevé une lecture à laquelle les personnes prêtent une vive attention. Néanmoins, surpris et contrarié de trouver en nombreuse compagnie le *propriétaire* auquel il venait se plaindre de l'impertinence de Tranquillin, M. de Francheville, à qui l'assistance tourne le dos, n'a été aperçu que de Wolfrang. Celui-ci, feignant de ne pas avoir vu le nouvel arrivant, a ainsi poursuivi sa lecture :

« Ce soir à quatre heures, M. de Franche-
» ville a déposé au parquet de M. le procu-
» reur du roi, une plainte en tentative de
» corruption, contre la maison Gobert et com-
» pagnie, adjudicataire d'une fourniture
» considérable, par arrêté ministériel de
» ce jour.

» Voici les faits, nous les tenons de source
» certaine : M. de Francheville, chargé par
» le ministre de son département de l'adju-
» dication de la fourniture dont il est ques-
» tion, l'a accordée, après mûr examen, à la
» maison Gobert qui lui semblait offrir toutes
» les garanties désirables pour la sincère
» exécution de ses engagements envers l'État,
» et aujourd'hui, à trois heures, a été signé,
» nous le répétons, par le ministre, l'arrêté
» qui adjugeait cette fourniture à la maison
» Gobert et compagnie. Le représentant de
» cette maison, jugeant malheureusement
» M. de Francheville, d'après d'ignominieux
» exemples, dont un procès fameux a récem-
» ment dévoilé l'infamie, eut la coupable

» pensée de vouloir témoigner de sa recon-
» naissance envers ce fonctionnaire en lui
» envoyant, dans une lettre, cent mille francs
» en billets de banque. »

M. DE SAINT-PROSPER, *le regard brillant.*
— Cent mille francs ! cent mille francs !

M. LAMBERT, *avec ironie.* — Voilà du moins un fournisseur qui sait vivre.

M DE LUXEUIL, *montrant ses belles dents, et enchanté de son bon mot.* — Les petits cadeaux entretiennent les fournitures ! hé ! hé !

MADAME LAMBERT, *à part.* — Comme il est spirituel !

ALEXIS BOREL, *indigné.* — C'était à jeter par la fenêtre la maison Gobert et compagnie.

M. BOREL. — Cette offre seule constituait un sanglant outrage envers M. de Francheville.

WOLFRANG, *à M. Borel.* — Vous devez penser ainsi, monsieur, vous, l'homme intègre jusqu'au scrupule le plus ombrageux ; mais ce M. Gobert, de qui la conscience est fort élastique apparemment, aura considéré son offre outrageante comme un procédé fort délicat. Les coquins ont une délicatesse à eux, une probité à eux.

SYLVIA, *à madame Borel à demi-voix.* — Voyez donc, chère madame, comme M. Borel semble péniblement affecté au seul récit d'une infamie! Je ne m'en étonne pas. Cet amer ressentiment des indignités est la pierre de touche des nobles âmes.

MADAME BOREL. — Aussi, jugez, madame, des froissements continuels dont mon mari a journellement à souffrir dans le monde des affaires, malheureusement si peu scrupuleux... sauf exception.

M. DE FRANCHEVILLE, *toujours à l'écart et inaperçu au fond du salon, et à part :* — Je ne regrette pas, tant s'en faut, la lecture de cet article; j'ajournerai donc mes réclamations à l'endroit de mes voisins et de cet insolent intendant; mais je ne sais si je dois ou non, interrompre cette lecture dont je suis l'objet. Attendons encore. (*Avisant la porte de la bibliothèque ouverte à deux pas de lui.*) Entrons là, car ma position finirait par devenir ridicule.

M. de Francheville, sans qu'on le remarque, entre dans la bibliothèque.

ALEXIS BOREL. — Ce que je ne comprends pas, c'est que M. de Francheville, jouissant probablement d'un juste renom de probité, ait pu seulement être l'objet d'une si honteuse tentative de corruption.

WOLFRANG. — Votre observation est fort juste ; aussi la maison Gobert, connaissant l'intègre réputation de M. de Francheville, s'est bien gardée de lui offrir ce pot-de-vin avant la signature de l'adjudication, ce qui, du reste, au point de vue judiciaire, atténue de beaucoup la gravité de cette tentative de corruption.

M. BOREL. — Evidemment.

WOLFRANG. — Et encore, la maison Gobert, sans doute convaincue de la probité de ce haut fonctionnaire, n'a point osé lui offrir brutalement cette rémunération de cent mille francs.

M. DE SAINT-PROSPER. — Cent mille francs ! c'est considérable. Et comment donc s'y est prise la maison Gobert pour dissimuler dans cette offre ce qu'il y avait d'offensant pour M. de Francheville ?

WOLFRANG. — Les dernières lignes de cet article sont fort explicites à ce sujet. Je re-

prends. (*Lisant.*) « La maison Gobert eut la
» coupable pensée de vouloir témoigner de
» sa reconnaissance envers M. de Franche-
» ville, en lui envoyant dans une lettre cent
» mille francs en billets de banque. Mais
» telle était la haute réputation de probité de
» M. de Francheville (notre impartialité nous
» commande de rendre justice à nos adver-
» saires politiques), que la maison Gobert,
» ayant vaguement conscience de l'indignité
» qu'elle commettait, et supposant la possi-
» bilité d'un refus de la part de l'intègre
» fonctionnaire, lui adressait cette somme
» considérable en le priant de l'employer en
» bonnes œuvres, sous le sceau d'un profond
» secret, sachant combien il était charitable,
» n'ayant d'autre fortune que les émoluments
» de sa place. »

M. DE SAINT-PROSPER, *à part*. — Encore un souscripteur pour mon œuvre.

WOLFRANG, *lisant*. — « De sorte que si M. de
» Francheville, nous le reconnaissons à sa
» louange, eût été d'une intégrité douteuse,
» il pouvait accepter ce don, sous le prétexte
» honorable qu'on lui fournissait, et disposer
» de cette somme à son gré ; mais il n'en a

» pas été ainsi, disons-le avec une satisfac-
» tion profonde, car cet exemple de haute
» probité donné par l'un de nos adversaires
» politiques, d'autant plus méritant, nous le
» répétons, qu'il ne possède aucune fortune,
» nous console des turpitudes contre les
» quelles la conscience du pays s'est der-
» nièrement soulevée avec tant d'énergie et
» d'indignation.

» M. de Francheville a fait, en cette cir-
» constance, ce que devait faire un honnête
» homme outragé : il a déféré aux tribunaux
» l'indigne tentative de corruption dont il
» avait été l'objet. Puisse ce noble et salu-
» taire exemple... »

Wolfrang est interrompu par M. de Francheville, qui sort précipitamment de la bibliothèque, va droit à Wolfrang, et d'une voix atterrée s'écrie :

— Monsieur, votre religion a été odieusement surprise : vous recevez chez vous un forçat libéré !

XIX

A ces mots adressés à Wolfrang d'une voix indignée par M. de Francheville : « — Mon- » sieur, votre religion a été indignement » surprise; vous recevez chez vous un for- » çat libéré! » tous les personnages se sont levés avec stupeur, se regardant interdits, et un moment de profond silence règne dans le salon.

WOLFRANG, *à M. de Francheville.* — Monsieur, daignez, de grâce, vous expliquer ; ce que vous m'apprenez là me confond.

M. DE FRANCHEVILLE, *plus calme, et s'inclinant devant Sylvia, pâle et tremblante.*
— Je regrette profondément, madame, et vous supplie de m'excuser de n'avoir pu maîtriser ma première émotion ; j'aurais instruit confidentiellement M. Wolfrang de ma pénible découverte, afin de vous épargner, madame, ainsi qu'aux personnes qui ont l'honneur d'être réunies chez vous, l'éclat d'un pareil scandale ; mais il m'a été malheureusement impossible de me dominer, ce dont je vous réitère mes excuses.

SYLVIA. — Je comprends, monsieur, que vous n'ayez pu surmonter une indignation si naturelle à une âme élevée, car à l'instant même nous lisions... (*S'interrompant à un geste de modestie de M. de Francheville.*) — Mais, je vous en prie, monsieur, instruisez-nous de ce qui est arrivé?

M. LAMBERT, *à part, et consterné.* — M. de Francheville est précipitamment sorti de la bibliothèque où il se trouvait seul avec M. Dubousquet. Ainsi, ce malheureux serait un repris de justice ! Ah ! c'est horrible !... Fiez-vous donc aux sympathies !

M. DE LUXEUIL, *profitant de l'inattention générale, et bas à Francine.* — Vous l'avez vu, je n'ai plus regardé ni dit un mot à madame Wolfrang ; m'accorderez-vous demain ce que je vous ai demandé tout à l'heure, pendant que personne ne nous observait ?

MADAME LAMBERT, *pourpre et le sein oppressé.* — Jamais ! Taisez-vous ; c'est indigne !...

Durant ces divers aparté, M. de Francheville disait à Sylvia :

— Tout à l'heure, madame, j'ai eu l'honneur de me présenter ici, inaperçu des personnes de votre société, au moment où M. Wolfrang, lisant à haute voix, captivait l'attention générale ; aussi, désirant ne distraire ni déranger personne, j'ai cru convenable de rester à l'écart jusqu'à la fin de cette lecture ; mais, lorsqu'au bout d'un instant je m'aperçus qu'elle me concernait, j'ai préféré, par un sentiment que vous concevez, madame, entrer dans cette bibliothèque. Un homme s'y trouvait seul, le visage penché sur des albums, qu'il feuilletait...

SYLVIA, *rappelant ses souvenirs, d'abord troublés par l'émotion.* — Mais, en effet, M. Dubousquet, l'un des locataires de cette maison... (*Avec stupeur.*) Mon Dieu ! c'est lui !

M. DE FRANCHEVILLE. — Oui, madame, tel est le nom de ce misérable, Amédée Dubousquet.

M. BOREL, *pâlissant et à part.* — Qu'entends-je ! Cet homme est à Paris !... Il demeure ici ?

M. DE SAINT-PROSPER, *à part.* — Dubousquet ! Mais le nom de famille de ma servante Antoinette est Dubousquet. Seraient-ils parents ?... (*Tressaillant.*) Ah ! pour mille raisons, je craindrais cette parenté...

WOLFRANG, *à M de Francheville.* — Quoi ! monsieur, ce forçat libéré ?...

M. DE FRANCHEVILLE. — Est Amédée Dubousquet, condamné pour vol et tentative de meurtre, à perpétuité... sans circonstances atténuantes, en raison de l'audace et du cynisme effrayants dont le misérable a fait preuve pendant les débats, auxquels j'assistais... Aussi doit-il être évadé du bagne ou gracié...

M. DE LUXEUIL. — Eh bien! c'est un joli voisin que nous avons là, parole d'honneur!

M. DE SAINT-PROSPER. — Et moi qui demeure au même étage que ce bandit!

M. LAMBERT. — Ah! le malheureux!... Ainsi s'explique son isolement, sa sauvagerie, sa timidité; il n'avait d'ami... que son chien!

MADAME BOREL, *à son mari*. — Mais, mon ami, ce nom de Dubousquet ne nous est pas, ce me semble, inconnu?

ALEXIS BOREL. — Ma mère a raison. Ne te rappelles-tu pas, mon père, cette tentative de vol commise chez toi, alors que j'étais encore enfant?

M. BOREL, *dominant son trouble*. — Oui, oui, ce doit être... ce misérable. Ah! je l'avoue, une pareille rencontre est pénible; j'en suis vraiment bouleversé.

MADAME BOREL. — Ton émotion est bien concevable, mon ami... Retrouver ici ce malfaiteur!

M. DE FRANCHEVILLE, *à M. Borel, après l'avoir attentivement regardé*. — N'est-ce pas à M. Borel que j'ai l'honneur de parler?

M. BOREL. — Oui, monsieur.

M. DE FRANCHEVILLE. — Je croyais, en effet, monsieur, vaguement vous reconnaître ; je me trouvais à Lyon, où vous habitiez lors du procès criminel de ce Dubousquet ; je remplissais alors les fonctions de secrétaire-général de la préfecture, et je faisais partie du jury devant lequel a comparu cet homme. Votre déposition, monsieur, a été pour lui accablante, car il avait fracturé nuitamment votre coffre et blessé grièvement l'un de vos domestiques, qui, éveillé par le bruit, voulait arrêter le voleur.

M. BOREL. — Oui, monsieur, ces détails sont malheureusement vrais ; ces faits se sont passés à Lyon à cette époque.

M. DE SAINT-PROSPER, *à part*. — Ce Dubousquet doit être parent de ma servante, car il est de Lyon, et elle est native de cette ville.

M. DE LUXEUIL, *d'un air crâne*. — Ah ça ! il faut jeter ce vieux gredin à la porte, et de ceci, moi, je me charge.

MADAME LAMBERT, *à part*. — Est-IL courageux ! mon Dieu ! Si ce malfaiteur était armé ! (*Timidement, à son mari.*) Mon ami, si ce forçat libéré allait résister ?

M. LAMBERT. — Ah ! le malheureux ! loin

de songer à résister, doit être plus mort que vif, et défaillant, sans doute.

M. DE LUXEUIL, *se dirigeant vers la porte de la bibliothèque.* — Nous allons voir ça; et si ce gredin-là ose élever la voix, je le...

WOLFRANG, *à M. de Luxeuil.* — Pardon, monsieur, c'est à moi de m'occuper de ce triste devoir.

Wolfrang, ce disant, entre dans la bibliothèque, au milieu du plus profond silence des personnes présentes; tous les regards sont attentivement fixés sur la porte de la pièce voisine, où est entré Wolfrang.

L'on n'entend rien d'abord, puis l'on distingue un sanglot étouffé, auquel répond un léger gémissement poussé par le chien du repris de justice.

Au bout de quelques instants, Wolfrang sort de la bibliothèque, soutenant par le bras M. Dubousquet. Son visage livide, décomposé, inondé de larmes, est penché sur sa poitrine; il est si faible qu'il peut à peine, malgré le compatissant appui que lui prête Wolfrang, traîner ses pas défaillants; son chien le suit, se dressant de temps à autre sur ses pattes de derrière pour lécher la main inerte et glacée de son maître.

Le repris de justice a déjà parcouru la moitié du salon au milieu du profond silence des témoins de cette scène, lorsque le valet de chambre annonce successivement :

— M. le duc et madame la duchesse della Sorga !

M. le marquis Ottavio Ricci ?

— Mademoiselle Antonine Jourdan !

Ces différents personnages, à peine entrés dans le salon, s'arrêtent et se groupent, frappés de surprise, à la vue de Wolfrang, soutenant et conduisant jusqu'à la porte, cet homme aux traits bouleversés, chancelant, et que son chien suit, l'oreille et la queue basses, paraissant partager l'opprobre de son maître.

Wolfrang disparaît un moment dans le salon d'attente avec le forçat libéré ; puis, rentrant seul et s'inclinant devant la duchesse della Sorga, il lui dit :

— Je vous demande mille pardons, madame la duchesse, de ne vous avoir pas plus tôt présenté mes respects ; mais la personne que je viens de reconduire s'étant soudain trouvée atteinte d'un grand malaise, je n'ai pu l'abandonner ; ce motif excusera, je l'espère, à vos yeux, madame la duchesse, mon hommage un peu tardif.

LA DUCHESSE, *à part, après un rapide coup d'œil jeté sur Wolfrang.* — Quelle admirable figure ! (*Haut, et très dignement*). — Le motif que vous invoquez, monsieur, est trop louable pour que je ne l'apprécie pas ainsi qu'il le mérite.

Sylvia s'avance à son tour, afin de faire les honneurs de son salon à la duchesse della Sorga et à Antonine Jourdan, tandis que les autres personnages, témoins de la découverte de M. de Francheville, au sujet de M. Dubousquet, le repris de justice, comprennent et approuvent la réticence du maître de la maison à l'endroit de cette découverte, circonstance pénible que, par convenance, il désire cacher aux nouveaux arrivants, désirant ne point attrister la fin de cette soirée.

XX

Sylvia, montrant un tact parfait et son usage du meilleur monde par la façon dont elle accueille madame della Sorga et mademoiselle Antonine Jourdan, l'artiste renommée, a témoigné à la première, en l'invitant à se placer près d'elle, une déférence commandée beaucoup moins par le titre que par l'âge de la duchesse ; puis, très gracieusement affable pour la jeune cantatrice, de qui la physionomie ouverte et avenante lui a plu tout d'abord, Sylvia l'a engagée à s'asseoir aussi près d'elle sur un fauteuil voisin de la causeuse; la jeune femme se trouve ainsi entre les deux nouvelles venues.

Madame Borel s'est rapprochée de madame Lambert, dont la candeur l'intéresse, et échange quelques mots avec elle. Le libraire, profondément attristé d'apprendre l'infamie de M. Dubousquet, pour lequel il avait ressenti jusqu'alors une vague sympathie, se tient un peu à l'écart, silencieux et pensif.

M. de Saint-Prosper cause avec M. Borel et son fils; celui-ci, dans le généreux enthousiasme de son âge, jette de temps à autre un regard admiratif sur le duc della Sorga, le noble proscrit, le grand patriote sicilien, qui a failli payer de sa tête son dévouement à l'indépendance de sa patrie.

Wolfrang s'entretient avec le duc et son fils, le marquis Ottavio.

Enfin, M. de Luxeuil, accoudé à l'angle de la cheminée, en face de la causeuse où Sylvia est assise près de mademoiselle Antonine Jourdan et de madame della Sorga, les a d'abord examinées assez effrontément l'une et l'autre en *connaisseur* (que l'on nous pardonne cette impertinence, empruntée au vocabulaire de notre personnage) ; puis, toute son attention s'est concentrée sur la duchesse. Frappé de son admirable taille et de sa beauté fière et passionnée, encore si remarquable, malgré qu'elle atteigne sa quarantième année.

Soit hasard ou volonté, les yeux de madame della Sorga, qui s'entretient avec Sylvia, ont deux fois rencontré, sans le fuir, le regard de M. de Luxeuil; ce glorieux et bel animal, dont l'audacieuse présomption peut seule égaler la sottise, se croit dès-lors assuré d'une nouvelle conquête, et se dit à par soi :

— Et de trois !... dans la soirée... *Francine Lambert*, *Sylvia* et la *duchesse della Sorga*.

Si bête, si révoltante que semble une pareille outrecuidance, elle ne semblera pourtant pas exorbitante à ceux-là qui, ayant expérimenté la vie, ont été témoins, hélas ! des succès prodigieux, incompréhensibles, écœurants, que peut obtenir auprès de certaines femmes un homme beau, jeune, verni d'élégance, entreprenant, rompu au monde, façonné au manége de la galanterie vulgaire, lorsque cet homme, sans nulle valeur morale ni intellectuelle, est doué de cette suprême infatuation de soi-même où il puise l'inflexible conviction qu'il ne saurait rencontrer de cruelles.

Or, chose étrange, presque inexplicable, il suffit toujours qu'un homme soit invinciblement pénétré de cette insolente conviction, pour qu'il puisse l'imposer aux femmes.

Enfin, lorsque complètement dénué de cœur, ne cherchant dans l'amour qu'un passe-temps ou un plaisir grossier, cet homme, par un froid et cruel calcul, — tactique triviale, mais d'un effet certain, — réussit à mettre ouvertement en jeu la jalousie de la femme, — qu'il s'agisse d'une affection sincère, d'un caprice ou d'un écart de l'imagination, — cet homme est presque assuré du succès, parce qu'il agit sur le sentiment le plus vivace, le plus inexorable du caractère féminin, — *l'amour-propre,* — l'amour-propre qui a perdu plus de femmes que l'amour.

Ainsi, madame Lambert, à qui la jalousie donne en pénétration ce qui lui manque en intelligence, a bientôt deviné, senti, à son cruel serrement de cœur, en remarquant l'expression triomphante des regards de M. de Luxeuil, qu'il considère comme probable la conquête de la duchesse della Sorga.

Or, à la douleur de cette sensation se joint inévitablement chez Francine une involontaire admiration pour l'audace de ce conquérant, qui semble ne pas douter de séduire de prime-saut une si grande dame; et de cette séduction, Francine elle-même ne doute malheureusement point. Elle a bien été séduite elle-même : pourquoi donc la duchesse ne serait-elle pas à son tour séduite par M. de Luxeuil ?

Les pressentiments de Francine la mettaient sur la voie de la vérité. Madame della Sorga, d'abord éblouie de la perfection des traits de Wolfrang, observa bientôt que cette beauté physique était moins remarquable encore que la beauté morale que semblaient réfléchir ses traits accomplis. La profondeur et l'éclat du regard de Wolfrang, la finesse de son sourire révélaient une intelligence supérieure ; son attitude, ses manières, empreintes de courtoisie et de dignité, attiraient et imposaient tout ensemble ; enfin, à son aspect, la duchesse della Sorga se sentit intimidée, pour la première fois de sa vie peut-être, et se sentit en défiance d'elle-même. Il n'en était pas ainsi au sujet de M. de Luxeuil; sa beauté, pour ainsi dire animale, frappa singulièrement madame della Sorga ; mais lorsqu'il lui arriva de le contempler, elle le fit avec autant d'aisance et sans plus d'embarras que si elle eût contemplé une très belle bête.

Le duc della Sorga, après avoir causé quelques instants avec Wolfrang, s'approcha de Sylvia et lui dit :

— Pardon ! madame, d'avoir négligé, oublié jusqu'ici de vous exprimer, au nom de mon second fils, le comte Felippe, ses regrets de ne pouvoir se rendre à votre aimable invitation ; il est un peu souffrant.

SYLVIA. — Je suis fâchée, monsieur le duc, qu'une pareille cause nous prive du plaisir de recevoir monsieur votre fils. *(A la duchesse.)*

— Cette indisposition n'a rien de grave, je l'espère, madame ?

LA DUCHESSE. — Non, madame : une migraine nerveuse.

SYLVIA. — Puisqu'il en est ainsi, il est dommage, madame, que monsieur votre fils ne soit pas venu ce soir, malgré sa légère indisposition : *(souriant)* nous l'eussions guéri.

LA DUCHESSE. — Comment cela, madame ?

SYLVIA, *se tournant vers Antonine Jourdan.* — Mademoiselle Antonine Jourdan, dont la renommée de cantatrice ne vous est sans doute pas inconnue, eût, certainement, par le charme de sa voix et de son talent, guéri monsieur votre fils. Ne cite-t-on pas des prodiges, à propos de l'action de la musique, sur les maladies nerveuses.

ALEXIS BOREL, *à part, contemplant Sylvia.* — Quel aimable esprit ! Toujours un mot gracieux à adresser à chacun, excepté à ce fat de M. de Luxeuil. Dieu merci ! elle s'est moquée de lui.

LA DUCHESSE, *à Sylvia.* — Maintenant, madame, je partage vos regrets, car je ne doute pas de l'attrait de la voix de mademoiselle, dont le renom est, en effet, venu jusqu'à moi.

ANTONINE JOURDAN. — C'est un honneur auquel j'étais loin de m'attendre, madame la duchesse. (*Puis, s'adressant gaiement à Sylvia.*) Je voudrais vous croire, madame, en ce qui touche l'influence que vous supposez à ma voix ; mais, hélas ! jusqu'ici, cette influence s'est bornée à endormir parfois les gens au concert, ou, pis encore, à troubler le sommeil de mes voisins, ainsi que cela me sera peut-être arrivé, à propos de M. de Francheville, qui a le malheur de demeurer au-dessous de chez moi, et, en ce cas, je lui adresserai sincèrement mes excuses.

M. DE FRANCHEVILLE, *souriant avec embarras*. — Ah! mademoiselle, je me féliciterais, au contraire, d'avoir la bonne fortune de vous entendre.

MADAME LAMBERT, *à part, surprenant encore les yeux de M. de Luxeuil effrontément attachés sur la duchesse.* — Mon Dieu ! comme IL la regarde encore celle-là ! il me semble qu'elle le regarde aussi en ce moment.

LA DUCHESSE, *après un nouveau coup d'œil à M. de Luxeuil, et à part.* — Il est réellement fort beau, mais d'une beauté sans conséquence. Quelle différence avec ce Wolfrang ! Je ne sais pourquoi je me sens troublée à sa vue... Il m'inspire presque de la crainte...

WOLFRANG, *à la duchesse.* — Madame, avez-vous lu aujourd'hui le journal du soir ?

LA DUCHESSE, *étonnée.* — Oui, monsieur, nous recevons *le Messager.*

WOLFRANG. — Justement. Eh bien ! madame la duchesse, bien que plusieurs de ces messieurs aient l'honneur de vous voir pour la première fois, vous les connaissez à merveille; je dirai plus, vous éprouvez pour eux toute la sympathie qu'ils méritent.

LA DUCHESSE, *de plus en plus surprise.* — En vérité, monsieur, je ne vous comprends pas.

WOLFRANG, *souriant.* — Il me suffira, madame, de vous citer certains noms pour que vous soyez tout à fait de mon avis. (*Désignant M. Borel et Alexis.*) MM. Borel père et fils, banquiers à Lyon ; (*puis indiquant madame Borel*) ; madame Borel.

LA DUCHESSE, *à madame Borel.* — J'ai lu en effet, ce soir, les éloges si justement accordés à ces deux messieurs, madame ; vous devez être une bien heureuse épouse et une bien heureuse mère.

MADAME BOREL. — C'est vrai, madame, et vous ne pouviez rien me dire de plus flatteur pour mon mari et pour mon fils.

WOLFRANG. — *M. de* Saint-Prosper. (*Saint-Prosper salue profondément.*)

LA DUCHESSE. — Ah! monsieur, combien je me félicite de cette occasion de vous dire à quel point j'admire la pensée qui vous a inspiré votre œuvre si éminemment charitable!

SYLVIA. — Et vous êtes en ceci, madame la duchesse, meilleur juge que personne, ainsi que madame Borel. Elle est bénie à Lyon comme vous l'êtes à Paris. (*Souriant.*) C'est une collègue.

M. DE SAINT-PROSPER, *s'inclinant de nouveau.* — L'approbation si flatteuse que daigne donner madame la duchesse à mon œuvre est à la fois une récompense et un encouragement.

LA DUCHESSE DELLA SORGA. — Encouragement bien mérité, monsieur.

M. DE SAINT-PROSPER. — Puis-je espérer,

en ce cas, que madame la duchesse voudra bien me permettre de l'inscrire parmi les dames patronnesses de cette fondation?

LA DUCHESSE. — Certainement, monsieur, avec le plus grand plaisir.

M. DE SAINT-PROSPER. — Je vous rends grâce de tant de bontés, madame la duchesse.

ANTONINE JOURDAN. — Monsieur de Saint-Prosper, moi qui ne puis prétendre à être dame patronnesse de votre œuvre, dont j'ai entendu parler dans la maison...

SYLVIA. — Et pourquoi donc, mademoiselle, ne seriez-vous pas dame patronnesse, ainsi que moi, ainsi que madame Borel et madame Lambert, que j'ai l'honneur de vous présenter? (*Indiquant Francine, confuse.*) Nous nous connaissons seulement depuis ce soir, madame Lambert et moi, et nous éprouvons tant de sympathie l'une pour l'autre que nous sommes déjà de vieilles amies.

MADAME LAMBERT, *rougit, baisse les yeux, et balbutie :* — Madame... vous êtes trop bonne... et... (*à part.*) Quel supplice! tout le monde me regarde, je ne sais que répondre; j'ai l'air d'une sotte aux yeux de M. de Luxeuil.

M. DE LUXEUIL, *à part*. — La duchesse a très grand air; elle est encore superbe, et malgré son âge, ou à cause de son âge, quelle femme charmante ce doit être ! Tout à l'heure, lorsqu'elle m'a fait de l'œil, ses narines se dilataient. Quelles lionnes que ces Italiennes sur le retour! Allons, encore une d'amorcée !... ne la perdons pas de vue !

LE MARQUIS OTTAVIO, *à part, observant M. de Luxeuil*. — Il me semble que ce jeune homme, dont les yeux ne quittent pas ma mère, ne la regarde pas avec le respect qu'on lui doit, et dont personne ne s'est jamais départi envers elle !

ANTONINE JOURDAN, *à Sylvia*. — J'avais grande envie de connaître madame Lambert, que je vois chaque jour en passant devant son magasin, et je vous remercie, madame, de prévenir ainsi mon désir; mais vous me demandiez tout à l'heure pourquoi je ne serais pas aussi dame patronnesse de l'œuvre de M. de Saint-Prosper ?

SYLVIA. — Sans doute; pourquoi pas ?

ANTONINE JOURDAN. — Oh ! pour mille raisons, madame.

SYLVIA. — Mais encore ?

ANTONINE JOURDAN, *gaîment.* — D'abord, je suis demoiselle... et ne saurais prétendre au rang parmi les dames patronnesses, mais j'apporterai mieux que mon patronage à M. de Saint-Prosper, et s'il y consent, j'organiserai un concert au profit de son œuvre.

M. DE SAINT-PROSPER. — Ah ! mademoiselle, que de remercîments !

ANTONINE JOURDAN. — C'est moi, monsieur, qui vous devrai des remercîments ; je suis sûre qu'en pensant au but de ce concert, je n'aurai jamais été mieux en voix.

WOLFRANG, *à la duchesse.* — Permettez-moi, madame, d'achever de vous présenter ces messieurs. (*Désignant M. de Luxeuil, qui s'approche de la duchesse avec une aisance cavalière.*) M. de Luxeuil, l'un de nos plus célèbres sportmen, si souvent vainqueur sur le terrain des courses.

LE DUC DELLA SORGA. — J'ai lu, en effet, ce soir, que des paris considérables étaient engagés en faveur d'une jument appartenant à M. de Luxeuil.

LA DUCHESSE, *à part.* — L'obstination des regards de ce sot et beau garçon finirait par attirer l'attention de mon fils, qui l'observe; mettons terme à ceci...

M. DE LUXEUIL, *s'inclinant devant la duchesse.* — Madame...

LA DUCHESSE, *répondant avec une raideur glaciale au salut de M. de Luxeuil.* — Je ne saurais suffisamment apprécier le mérite de monsieur; je n'ai jamais compris quel intérêt l'on trouvait à une course de chevaux. (*A Sylvia.*) Et vous, madame?

SYLVIA, *souriant.* — Moi, madame, j'éprouve une grande compassion pour les pauvres bêtes qui saignent sous l'éperon et font seules la réputation de leur maître.

ALEXIS BOREL, *à part.* — Bravo! ce fat reçoit aussi de la duchesse la leçon qu'il mérite par son impertinence!

M. DE LUXEUIL, *d'abord interloqué de l'accueil de la duchesse, et à part.* — Elle m'a fait de l'œil... et elle m'accueille d'une façon qui sent l'insolence? cela n'est pas naturel; il y a quelque chose là-dessous. (*Haut, et avec un aplomb imperturbable, cherchant à rencontrer le regard de la duchesse.*) — Voyez de quoi vous êtes capable, madame la duchesse! J'aimais passionnément les courses, eh bien!

puisqu'elles n'ont aucun attrait pour vous, je commence à croire que ma passion n'avait pas le sens commun. (*Il rit et montre ses dents.*)

LE MARQUIS OTTAVIO, *à part*. — La familiarité de cet homme envers ma mère est audacieuse.

MADAME LAMBERT, *à part*. — Je me trompais; cette grande dame n'a pas fait attention à M. de Luxeuil. Et pourtant cela m'étonne.

LA DUCHESSE DELLA SORGA, *à M. de Luxeuil, avec une hauteur écrasante.* — Il m'est souverainement indifférent que monsieur?... (*A Sylvia.*) Pardon, madame, le nom?...

SYLVIA. — De Luxeuil.

LA DUCHESSE DELLA SORGA. — ...Que M. de Luxeuil renonce ou ne renonce point à son goût pour les courses de chevaux. Il aurait dû comprendre cela, et il le comprend à cette heure, j'imagine?...

LE MARQUIS OTTAVIO, *à part*. — Ma digne mère a fait justice de cet impertinent.

Aux dures et hautaines paroles de la duchesse a succédé un instant de silence.

M. de Luxeuil, s'efforçant de deviner la

cause de la dure réponse de madame della Sorga, a rencontré, à deux reprises, le regard d'Ottavio attaché sur lui avec une fixité si expressive, que le *beau*, frappé d'une idée soudaine, se dit, triomphant :

— Au diable le fils ! je l'oubliais. Je devine tout maintenant ; il aura surpris mes œillades ou celles de sa mère, et pour le dérouter, elle me traite comme un pleutre ! Changeons de batteries ; ayons l'air penaud, déconfit, et observons...

Ce pensant, M. de Luxeuil s'incline devant la duchesse, et prenant une physionomie confuse, embarassée, il balbutie :

— Je serais désolé que madame la duchesse pût me supposer capable de...

LA DUCHESSE, *d'une voix altière*. — C'est bien, monsieur, c'est bien. (*S'adressant à Wolfrang.*) Vous aviez parfaitement raison, monsieur. Grâce à ce journal du soir, je me trouvais déjà en pays de connaissance avec M. Borel et M. de Saint-Prosper, quoique j'aie le plaisir de les voir ce soir pour la première fois.

WOLFRANG. — Il me reste, madame, à avoir l'honneur de vous présenter une autre excellente connaissance (*indiquant M. de Francheville*) qu'il me suffira de vous nommer : M. de Francheville.

LA DUCHESSE, *à ce dernier, qui s'incline.*
— Ah ! monsieur, quel noble et généreux exemple vous avez donné en ces malheureux temps de corruption et de vénalité !

M. DE FRANCHEVILLE. — Permettez-moi de vous assurer, madame la duchesse, que les actes déplorables qui ont eu dernièrement un si scandaleux retentissement, sont exceptionnels dans le gouvernement du roi que j'ai l'honneur de servir. L'immense majorité des fonctionnaires publics eût agi comme moi.

LE DUC DELLA SORGA, *à M. de Francheville.*
— Nous devons vous croire, monsieur ; mais en attendant que la délicatesse et l'intégrité de vos collègues se manifestent d'une manière aussi éclatante que la vôtre, vous nous permettrez d'estimer à toute sa valeur l'exemple que vous donnez.

LE MARQUIS OTTAVIO, *à Francheville.* — Savez-vous, monsieur, quels ont été les premiers mots de ma mère après la lecture de l'article du journal qui vous concerne ?

M. DE FRANCHEVILLE. — Non, monsieur...

mais je n'ignore plus maintenant... tout ce que je puis attendre de la bienveillance de madame la duchesse.

LE MARQUIS OTTAVIO. — Enfin,—s'est écriée ma mère, — voilà un parfait galant homme! (*Gravement et avec un accent de profonde vénération filiale.*) Si vous aviez le bonheur de connaître ma mère, monsieur, vous regarderiez ces paroles comme le plus digne éloge que vous puissiez recevoir.

M. DE FRANCHEVILLE. — Monsieur, croyez-le, je sens tout ce qu'elles ont de flatteur pour moi.

M. LAMBERT, *d'une voix pénétrée, à M. de Francheville*. — Monsieur, je n'ai pas l'avantage d'être connu de vous, bien que nous habitions la même maison. Je suis un homme obscur (*tendant la main à M. de Francheville*); permettez-moi cependant d'avoir l'honneur de vous serrer la main, au nom de la confraternité qui existe entre honnêtes gens, quel que soit leur rang.

M. DE FRANCHEVILLE, *répondant à l'étreinte cordiale du libraire.* — Monsieur, je suis plus touché que je ne saurais vous le dire de cette marque de sympathie.

ANTONINE JOURDAN, *gaîment et avec charme, tendant à son tour sa main à M. de Francheville.* — Mon cher voisin, je veux aussi, moi, avoir le plaisir de serrer la main de celui que madame la duchesse a si dignement qualifié de parfait galant homme. (*Souriant.*) Vous me pardonnerez, n'est-ce pas, mes roulades trop matinales? Je respecterai désormais le sommeil du juste... c'est le cas ou jamais de le dire.

M. DE FRANCHEVILLE. — Ah! mademoiselle, je suis désolé que M. Tranquillin ait été assez indiscret pour...

ANTONINE JOURDAN, *riant*. — Chut! mon cher voisin, c'est notre secret.

MADAME BOREL, *à la duchesse*. — Madame, puisque vous avez habité Naples, pourriez-vous me donner des nouvelles de l'une de vos compatriotes, que j'ai vue, il y a quelques années, à Lyon, et qui était alors belle comme le jour... madame la comtesse Morosini?

LA DUCHESSE DELLA SORGA. — Ah! de grâce, madame, ne prononcez pas le nom de cette misérable créature!

MADAME BOREL. — Bon Dieu, madame, que lui est-il donc arrivé?

LA DUCHESSE DELLA SORGA. — Elle a indignement trahi ses devoirs d'épouse... Son mari, la surprenant en flagrant délit... l'a tuée !

MADAME BOREL. — Ah ! la malheureuse femme !

LA DUCHESSE DELLA SORGA. — La plaignez-vous donc, madame ?

MADAME BOREL. — Certainement, car elle pouvait revenir à une conduite meilleure... expier sa faute... tandis que la mort...

LA DUCHESSE DELLA SORGA. — La mort... cette créature la méritait, madame... non pas la mort furtivement donnée... mais reçue au grand jour de la place publique !

SYLVIA. — Tant de rigueur de votre part me surprend, madame. Vous avez tant droit à vous montrer indulgente...

LA DUCHESSE DELLA SORGA. — L'indulgence en pareil cas est coupable faiblesse, madame... J'ai toujours, quant à moi, regretté la législation antique qui condamnait la femme adultère à être lapidée... Il n'est pas de supplice assez cruel pour un crime, dont l'unique excuse est plus honteuse, plus abominable encore, que le crime lui-même...

MADAME LAMBERT, *à part*. — Ah! cette dame, me fait trembler.

LE MARQUIS OTTAVIO, *à part*. — La rigide et implacable vertu de ma mère les étonne... Ah! c'est qu'elle seule, peut-être, a le droit de se montrer inflexible.

MADAME BOREL, *à la duchesse*. — Quoi madame... vous verriez lapider sans pitié une infortunée... qui...

SYLVIA, *vivement*. — Non, non, j'en appelle au cœur de madame la duchesse... elle dirait, comme Jésus de Nazareth, que celui-là qui n'a pas péché lui jette la première pierre...

LA DUCHESSE DELLA SORGA, *avec véhémence*. — Cette première pierre... je la jetterais, madame!...

M. DE LUXEUIL, *à part*. — Peste! que de vertu sauvage! Serait-elle sincère? Mais alors ses œillades?... c'est à n'y rien comprendre...

Soudain, les préludes harmonieux d'une aubade provenant du jardin contigu aux deux hôtels, attirent l'attention générale, et suspendent la conservation ; les invités se regardent entre eux, attribuant cette sérénade inattendue à une surprise que leur ménageait le maître de la maison.

En ce moment, Tranquillin paraît au seuil du salon, et, après ses révérences accoutumées, se dirige vers Wolfrang. Celui-ci se retire pendant un instant à l'écart dans un coin du salon, et prête l'oreille à ce que lui dit tout bas son intendant, d'un air aussi affairé que surpris.

XXI

Pendant que Tranquillin s'entretient à voix basse avec son maître, la conversation générale reste suspendue. Divers groupes se forment dans le salon.

Sylvia, la duchesse, madame Borel et Antonine causent entre elles.

Francine Lambert, quoique placée près d'elles, ne prend pas part à leur entretien. Elle reste absorbée, se demandant, sans

pouvoir deviner cette énigme, comment la duchesse, dont elle a plusieurs fois surpris le regard fixé sur M. de Luxeuil avec une expression dont elle se sentait navrée, a pu cependant le traiter avec un mépris si hautain, et, dans son farouche rigorisme, regretter que les femmes adultères ne fussent point lapidées. — Or, par une contradiction plus apparente que réelle, et quoiqu'elle souffrît cruellement de la jalousie que lui causait M. de Luxeuil, en paraissant s'occuper de ces deux belles dames, Francine eût peut-être non moins souffert dans son amour-propre, si M. de Luxeuil leur avait paru indifférent, car elles auraient ainsi semblé dire :
« — Fi ! ce beau garçon ne peut prétendre
» qu'à tourner la tête d'une boutiquière. »

En d'autres termes, le comble des désirs de Francine Lambert eût été de voir ces deux grandes dames éprises comme elle de M. de Luxeuil, dût-elle d'abord atrocement souffrir de ses galanteries envers ses rivales, à la condition qu'elles lui seraient plus tard sacrifiées, à elle, modeste boutiquière.

La jeune femme fut arrachée à ses réflexions par la voix de son mari, lui disant tout bas :

— Je remarque que depuis une heure environ, vous paraissez plus souffrante, chère enfant ?

— En effet, mon ami, je ne sais si c'est l'embarras ou le malaise que j'éprouve à me trouver pour la première fois de ma vie dans un si grand monde, mais j'ai une violente migraine.

— Voulez-vous que nous nous retirions ?

— Je ferai ce que vous voudrez, mon ami.

— M. et madame Wolfrang nous ont accueillis avec tant de bienveillance qu'ils accepteront nos excuses.

— Sans doute... Mais ce serait peut-être les blesser que de nous en aller avant la fin de la soirée.

— Alors, chère enfant, prenez courage et patience. Voici dix heures ; cette réception ne saurait se prolonger beaucoup maintenant.

— Du reste, si vous le voulez, mon ami, nous partirons...

— Quant à moi, je le désirerais, chère enfant ; je suis encore sous l'impression de cette cruelle découverte au sujet de ce malheureux qui m'intéressait vivement. Juste ciel !... un repris de justice !... Je suis atterré !...

— En ce cas, André, si cela vous contrarie de rester... allons-nous-en.

— Non, tâchez, mon enfant, de prendre encore un peu sur vous, car, malgré votre migraine... nous oublions que mademoiselle Antonine Jourdan et madame Wolfrang doivent chanter : il serait impoli à nous de nous retirer à présent. En attendant le concert, je retourne dans la bibliothèque achever d'examiner quelques livres curieux ; cela me distraira de la tristesse que me cause ce fâcheux évènement dont je vous parlais, — répond le libraire, se dirigeant vers la pièce voisine du salon.

Pendant cet entretien de M. Lambert et de Francine, M. de Luxeuil, remarquant que, de la place où elle est assise, la duchesse della Sorga, sur laquelle il n'a plus levé les yeux, peut l'apercevoir, s'approche du marquis Ottavio, en ce moment isolé, puis, s'adressant à lui avec un embarras simulé :

— Monsieur, permettez-moi de vous adresser une question... peut-être indiscrète.

— Soit, monsieur, — répond sèchement

Ottavio, jusqu'alors, surtout, choqué de l'inconvenance des regards que M. de Luxeuil avait d'abord si effrontément jetés sur la duchesse ; — je vous écoute.

— Est-ce qu'il y a environ dix-huit mois, madame la duchesse n'assistait pas aux régates du Havre?

— Non, monsieur.

— Pardon, vous êtes bien certain que...

— Je vous répète, monsieur, que ma mère ne pouvait assister à une fête au Havre il y a dix-huit mois, puisqu'à cette époque nous habitions encore la Sicile.

— En ce cas, monsieur, la ressemblance est extraordinaire.

— Quelle ressemblance?

— Celle de madame la duchesse avec une dame dont j'ignorais le nom.

— Enfin, où voulez-vous en venir, monsieur?

— En deux mots, le voici : J'avais eu l'honneur de causer assez longtemps, pendant ces régates du Havre, avec la personne dont j'ai l'honneur de vous parler, monsieur, me trouvant par hasard placé près d'elle; aussi, croyant tout à l'heure reconnaître cette dame dans madame votre mère, j'ai pensé pouvoir m'autoriser du précédent auquel je viens de faire allusion, et je me suis permis de parler trop familièrement, je le crains, à madame la duchesse della Sorga. S'il en était ainsi, je vous supplierais, monsieur, d'offrir mes profondes excuses à madame votre mère, et d'avoir la bonté de lui faire connaître la cause de ma regrettable méprise.

— De grand cœur, monsieur, — répond avec la candeur de son âge et de sa loyauté, Ottavio, dupe de l'impudent mensonge de M. de Luxeuil, et heureux de croire que l'on n'avait point osé manquer à sa mère, qu'il idolâtrait autant qu'il la vénérait.

Aussi, plein de foi dans les explications de M. de Luxeuil, après tout, plausibles, Ottavio, d'abord froid et sévère, revint peu à peu à son habituelle bienveillance, car il attribuait et devait attribuer, à la surprise d'une rencontre inattendue, la persistance des regards dont le jeune *beau* avait d'abord poursuivi la duchesse.

Celle-ci, en causant avec madame Borel et Sylvia, cherchait à deviner l'objet de l'entretien de M. de Luxeuil avec Ottavio; elle épiait furtivement de sa place, l'expression, les traits de son fils ; aussi, lorsqu'elle les vit peu à peu se détendre et reprendre leur affabilité accoutumée, madame della Sorga fut bientôt sur la voie de ce qui se passait entre les deux jeunes gens ; elle ne douta plus de la réalité, grâce à un regard rapide et expressif que lui lança M. de Luxeuil, profitant de l'inattention d'Ottavio à qui Alexis Borel venait d'adresser la parole.

— J'ai compris, — se dit la duchesse, — M. de Luxeuil, quoique sot, ne manque pas d'une certaine adresse.

Et ce pensant, elle continuait son entretien avec ses voisines, sans que son visage de marbre trahît l'ombre de ses impressions secrètes, car l'hypocrisie de cette femme égalait son audace et sa profonde perversité.

— Monsieur, — avait dit timidement Alexis Borel à Ottavio, en s'approchant de lui, — j'aurais une grâce à vous demander.

— Parlez, monsieur, — répondit Ottavio avec courtoisie, — je suis à vos ordres.

M. de Luxeuil, semblant s'éloigner alors par discrétion, dit à Ottavio en le quittant :

— Vous voudrez bien, monsieur, vous

rappeler votre aimable promesse, au sujet de madame votre mère?

— Je serai trop heureux, monsieur, de la remplir, — répond Ottavio à M. de Luxeuil. Ce dernier s'incline, et, remarquant l'absence du libraire, il va s'asseoir à côté de madame Lambert, en se disant :

— Tout va bien ; je suis fièrement roué ; madame della Sorga m'a compris. Quelles crânes commères que ces Italiennes ! elles vont vite, elles ont raison : c'est toujours la cour préliminaire qu'on leur fait qui compromet les femmes. — Je comprends maintenant la véhémente sortie de la duchesse contre les infortunées coupables d'adultère... qu'elle voudrait, dit-elle, voir lapider... elle déroute ainsi les soupçons... son mari et son benêt de fils la croient d'une vertu sauvage... c'est très adroit.

M. de Luxeuil s'adressant alors à demi-voix à Francine Lambert, et de façon à n'être entendu que d'elle:

— Quelle algarade vous m'avez attirée de la part de cette insolente duchesse.

— Moi?

— Parbleu! ces grandes dames, dès qu'elles

entrent dans un salon, se figurent toujours que l'on ne doit s'occuper que d'elles ; aussi, me voyant ne m'ocuper que de vous...

— Osez-vous dire cela ? Vous la regardiez constamment ; je vous ai bien vu.

— C'était pour la comparer à vous, bel ange aux yeux bleus. Mais, quelle différence! combien votre jeune beauté éclipsait sa vieille noblesse. Et puis, je n'ai pas de mérite à vous préférer à elle : je vous aime tant !

— Ah ! si je pouvais vous croire !...

— Je saurais bien vous persuader de mon amour, chère adorée, si, demain, vous m'accordiez ce rendez-vous que...

— Taisez-vous ! éloignez-vous ! *elle* nous regarde.

En effet, la duchesse della Sorga, tout en continuant, impassible, son entretien avec ses voisines, observait furtivement M. de Luxeuil ; et l'indigne épouse se disait en ce moment :

— A merveille ! afin de dérouter tout à fait les soupçons d'Ottavio, M. de Luxeuil s'occupe de cette petite bourgeoise ; il a du manége, de l'habitude du monde... Serait-il discret ?

Pendant que M. de Luxeuil échangeait quelques paroles avec Francine Lambert, Alexis Borel, après avoir dit à Ottavio qu'il sollicitait de lui une grâce, et reçu du jeune marquis la réponse la plus courtoise, reprit :

— Monsieur, j'ai lu dans les journaux et suivi avec le plus vif intérêt les évènements de la révolution sicilienne dans laquelle votre illustre père a joué un rôle admirable par son patriotisme et son courage. Il est resté pour moi le type accompli du grand citoyen, combattant pour la liberté, pour l'indépendance de son pays.

— Ah ! monsieur, — répond Ottavio avec expansion, combien je suis sensible à vos paroles ! Ces éloges, mon père en est digne ; je le dis avec un légitime orgueil filial.

— Eh bien, monsieur, la grâce que je sollicite de vous, c'est d'être présenté à monsieur votre père. Ce serait le meilleur, le plus honorable souvenir de ma vie.

— Ah ! monsieur, — répond Ottavio, — l'un de mes meilleurs souvenirs, à moi, sera de me rappeler avec reconnaissance que mon père, proscrit, a trouvé en France des preuves de sympathie aussi touchantes que la vôtre.

Puis, cherchant des yeux le duc della Sorga, et le voyant causer avec Sylvia, le jeune homme ajoute :

— Dès que mon père aura cessé de s'entretenir avec madame Wolfrang, je m'empresserai de vous présenter à lui.

— Mille remercîments, monsieur, j'attendrai, — répond Alexis Borel, et souriant, il ajoute : — Ne serait-ce pas d'ailleurs une cruauté de distraire M. le duc della Sorga de sa conversation avec madame Wolfrang ?

— Il est vrai. Quelle aimable personne, sans parler de son éblouissante beauté !

— N'est-ce pas, monsieur ! — dit vivement Alexis Borel. — N'est-ce pas que cette dame est ravissante ? Que de bon goût ! que d'esprit !

— Oh! sans doute ; et puis, s'il faut vous l'avouer, ce qui m'a tout d'abord séduit en elle, c'est son accueil plein de grâce et de déférence pour ma mère.

Et Ottavio, de plus en plus confiant envers Alexis, adolescent de son âge, ajoute avec une adorable expression de tendresse filiale :

— C'est que, voyez-vous, j'aime tant ma mère !

— Mieux que personne, je comprends ce sentiment, moi qui aime tant la mienne !

— Elles se valent toutes deux par la bonté, par la charité, a dit madame Wolfrang...— Faire éloge de ma mère, c'est donc faire, j'en suis certain, l'éloge de la vôtre, monsieur Alexis ; aussi, je n'y mets nulle réserve, — ajoute Ottavio en souriant. — Ah ! si vous saviez combien elle est digne de mon amour, de mon respect ! je ressens pour elle une sorte d'idolâtrie ; elle est pour moi la meilleure des mères, et cependant l'élévation de son caractère, ses vertus, m'imposent tellement, que, chez moi, la vénération l'emporte peut-être encore sur la tendresse.

Et au moment où son fils abusé parlait d'elle en ces termes, cette femme, dont la dissimulation égalait la perversité, contemplait à la dérobée M. de Luxeuil. Il s'était un moment éloigné de madame Lambert, mais il venait de se rapprocher d'elle depuis quelques instants et l'entretenait tout bas.

— Eh bien, oui, — répondait la jeune

femme d'une voix éteinte, presque inintelligible, — si je le puis... j'irai...

— Mais Francine reprend soudain, toujours à voix basse :

— Non... non... jamais... n'y comptez pas !...

Ces diverses conversations séparées, presque simultanées, duraient depuis cinq minutes à peine, pendant que Tranquillin s'entretenait à l'écart avec Wolfrang.

Les accords harmonieux de la sérénade, succédant à son prélude, retentissaient alors dans le jardin de l'hôtel, non loin des fenêtres du salon.

— C'est bien, — reprend Wolfrang à l'intendant. — Vas, et introduis ici ces messieurs.

Tranquillin sort, et son maître, s'adressant à haute voix au duc della Sorga, avec un accent qui attire l'attention générale :

— Monsieur le duc, une députation de proscrits siciliens s'étant tout à l'heure rendue à votre hôtel, afin de vous présenter leurs hommages, au nom de la proscription, en ce jour anniversaire de la révolution de Sicile, et de vous donner une aubade, j'ai pris sur moi, et vous ne me blâmerez pas, j'ose l'espérer, de faire introduire ici vos dignes compagnons d'exil. Les voici.

XXII

La députation de proscrits siciliens est introduite par Tranquillin dans le salon, pendant que les musiciens du dehors font entendre la musique de l'hymne patriotique :

Amour sacré de la patrie !

L'un des proscrits, chargé de porter la parole pour l'émigration, tient à la main un long écrin de maroquin noir qui semble devoir contenir une épée.

Le plus profond silence règne d'abord dans le salon ; tous les personnages se sont levés debout et forment plusieurs groupes.

M. de Luxeuil s'est placé derrière la duchesse della Sorga ; le duc semble profondément ému ; il fait quelques pas au-devant de la députation : l'un des proscrits, tenant l'écrin qui, alors ouvert, laisse apercevoir une épée à fourreau noir et à poignée de fer, d'une simplicité extrême, s'avance vers le duc della Sorga, et lui dit d'un accent pénétré :

« — Monsieur le duc, il y a aujourd'hui
» un an, la révolution devait éclater en Si-
» cile, à votre voix et à celle de votre frère...
» Vous et lui étiez l'âme de cette révolution
» destinée à affranchir notre pays d'un joug
» odieux. Tendrement unis, vous n'aviez
» qu'un cœur.

» Les prodiges de patriotisme, l'infatigable
» activité, l'héroïque dévouement, les sacri-
» fices de toute sorte, dont votre frère et vous,
» monsieur le duc, avez donné l'exemple
» pour organiser la résistance, préparer l'in-
» surrection, à quoi bon les rappeler ici ? Ce

» souvenir est désormais impérissable dans
» le cœur des patriotes siciliens.

» Mais, hélas! au moment même où vous
» et votre frère alliez relever le drapeau de
» l'indépendance nationale, la révolution
» était trahie ! La conspiration était dénoncée
» la veille du jour où elle devait éclater. Les
» traîtres sont restés ensevelis dans l'ombre
» de leur crime exécrable!

» Vous et votre frère, surpris pendant la
» nuit dans la maison d'où devait partir le
» signal de l'insurrection, vous avez été con-
» damnés à mort, ainsi que tant d'autres de
» de nos amis. Les échafauds se sont dres-
» sés ; grand nombre de patriotes y sont mon-
» tés ; vous deviez, vous et votre frère, y
» monter les derniers : lui seul y a porté sa
» tête.

» Le tyran, sachant votre adoration pour
» ce frère tant aimé, vous condamnait à sur-
» vivre à ce martyr si cher à votre tendresse
» fraternelle.

» Banni de notre terre natale, ainsi que
» ceux d'entre nous qui ont pu échapper à la
» mort, vous avez, depuis, vécu dans l'exil :
» rude et austère école où vos deux fils ap-

» prennent à admirer, à vénérer davantage,
» s'il se peut, la grandeur de vos vertus ci-
» viques, qu'ils égaleront un jour.

» Ah! de ce noble et digne exil, soyez-en
» consolé, monsieur le duc, si vous pouvez
» l'être, par l'attachement, par la reconnais-
» sance de vos compatriotes, vos frères
» d'armes pendant la lutte, vos frères d'in-
» fortune après la défaite!

» Ceux qui, dans leur désespérance, dé-
» faillaient à la foi de notre sainte cause,
» vous les avez ranimés, réconfortés par de
» mâles et patriotiques paroles. Grâce à vous,
» ils oublient ou ils surmontent les douleurs
» du présent en songeant à l'avenir.

» Ceux à qui la misère pouvait rendre
» doublement cruelles les douleurs de la
» proscription, ont vu leurs besoins préve-
» nus, grâce à votre sollicitude, toujours vi-
» gilante et paternelle.

» Ce n'était pas assez : la main qui répan-
» dait ces bienfaits devait en doubler le prix.
« *(S'adressant à la duchesse della Sorga.)*
» Le modèle des mères et des épouses, voyant
» dans les proscrits une nouvelle famille, est
» pour leurs femmes une sœur, pour leurs

» enfants une mère. Bénie, soyez-vous, ma-
» dame la duchesse ! (*Le visage d'Ottavio se
» baigne de douces larmes.*) Bénie, soyez-
» vous !

» Et maintenant, monsieur le duc, per-
» mettez-moi, au nom de l'émigration sici-
» lienne, de vous offrir, comme gage de son
» attachement, de sa gratitude, de ses espé-
» rances, cette épée ! (*Il la présente au duc
» della Sorga; celui-ci la prend, s'incline,
» profondément ému, et la remet à Otta-
» vio.*) Cette épée, simple comme votre vie,
» trempée comme votre âme, et qui, au jour
» du réveil de la Sicile, nous guidera vail-
» lamment au combat et à la conquête de
» l'indépendance ! »

LE DUC DELLA SORGA, *aux proscrits, d'une voix grave et contenue*. — Chers conci-
toyens, chers compatriotes, vous l'avez dit :
l'exil est une austère et rude école; elle
éprouve le courage, elle éprouve les convic-
tions ; mais, vous l'avez dit aussi : l'exil a ses
consolations, et parmi les plus douces, celle
de réunir, de fondre en une seule famille, des
hommes, jusqu'alors seulement liés par une
foi commune. Ah ! croyez-le : de notre fa-

mille de proscrits, je m'honore d'être le chef, mes fils s'honorent de compter parmi ses membres, et ces actes dont vous voulez bien témoigner tant de gratitude à ma noble et bien aimée compagne, sont pour elle un devoir sacré. Vous l'avez dit encore : il me fallait survivre à mon frère Pompeo, cette âme de mon âme, (*la voix du duc s'altère, les proscrits partagent son émotion*); l'existence a d'abord été pour moi un supplice, une torture ; j'ai maudit la vie ; puis j'ai songé aux miens, à ma femme, si digne de mon affection et de mon respect, à mes enfants, que je devais consacrer au service de notre cause ; enfin j'ai songé à la patrie, retombée sous le joug qu'elle avait tenté de briser ; alors je n'ai plus maudit l'existence, j'ai senti la nécessité de vivre pour la patrie, pour notre cause, pour les miens et pour venger ta mémoire, ô mon frère ! ô Pompeo, immortel martyr ! Ah ! j'en jure Dieu ! cette épée, forgée dans l'exil, sera brisée, sanglante entre mes mains, ou la Sicile saura reconquérir un jour son indépendance !

Ces paroles, prononcées par le duc della Sorga, avec une chaleureuse énergie, impressionnent vivement les proscrits et les autres personnages, tandis qu'au dehors retentissent les fiers accords des hymnes patriotiques.

Le duc della Sorga s'avance vers ses compagnons d'exil, et leur serrant tour à tour les mains avec effusion, leur dit :

— Adieu et au revoir, chers compatriotes ! Cette soirée restera dans ma pensée, dans mon cœur, comme le plus doux et le plus glorieux souvenir de mon exil.

Le duc prend par le bras l'orateur de la députation, et sort du salon, suivi de ses compagnons d'exil, qu'il désire reconduire jusqu'au perron de l'hôtel.

Pendant cette scène, M. de Luxeuil s'est tenu à quelques pas derrière la duchesse, et voyant Ottavio, les yeux encore baignés de larmes, s'approcher de sa mère, rayonnant de fierté filiale, il lui dit :

— Ah ! monsieur, n'oubliez pas votre promesse ; madame la duchesse, en ce moment surtout, doit être prédisposée à la clémence ; j'ose espérer qu'elle me pardonnera les suites d'une erreur involontaire dont je suis confus et désolé.

— Vous dites vrai, monsieur ; ma mère

eût-elle à se plaindre d'un tort réel de votre part, elle l'oublierait en cette circonstance, si glorieuse pour mon père et pour elle. Le bonheur rend si indulgent! — répond Ottavio; — je vais faire agréer vos excuses par ma mère.

Ottavio s'approche de la duchesse et lui parle à demi-voix, en lui désignant du regard M. de Luxeuil.

Madame della Sorga semble accueillir les explications de son fils avec l'expression d'une froide condescendance à l'égard du *coupable*, en agitant machinalement son éventail ; puis elle répond aussi à demi-voix :

— Soit! mon enfant, je ne veux rien te refuser ; je veux croire que ce monsieur est moins impertinent qu'il ne paraît l'être ; son erreur est, après tout, concevable et excusable ; mais il me déplaît souverainement. Néanmoins, puisque tu as compassion de lui...

La duchesse, s'adressant alors à M. de Luxeuil, qui s'est tenu respectueusement à l'écart :

— Un mot, monsieur, je vous prie.

Ottavio s'éloigne pour rejoindre le duc qui rentre en ce moment dans le salon, tandis que, s'adressant à M. de Luxeuil qui s'est approché d'elle et s'incline profondément, la duchesse lui dit sèchement et de façon à pouvoir être entendue de madame Borel et de Sylvia :

— Mon fils vient de m'apprendre, monsieur, que par suite d'une ressemblance assez extraordinaire, vous m'aviez confondue avec une autre personne; je le crois sans peine. Ce n'est point envers moi, j'imagine, que vous vous fussiez permis de vous comporter si familièrement; je veux donc bien, monsieur, agréer vos explications.

Mais pendant que M. de Luxeuil, s'inclinant de nouveau, réitère ses excuses à la duchesse, celle-ci, jouant de son éventail qu'elle porte à la hauteur de ses lèvres, abrite ainsi quelques mots rapidement jetés à voix basse qui ne peuvent arriver qu'à l'oreille de M. de Luxeuil; puis elle ajoute tout haut, interrompant d'un mouvement d'éventail le jeune *beau* qui, sans discontinuer de parler, a parfaitement entendu les paroles murmurées par madame della Sora :

— C'est bien, monsieur, je vous engage seulement désormais à vous garder des fausses ressemblances !

FIN DU PREMIER VOLUME.

TABLE DES CHAPITRES.

Aujourd'hui comme alors.

		Pages
Prologue.		5
Chapitre	I.	11
—	II.	23
—	III.	33
—	IV.	49
—	V.	67
—	VI.	85
—	VII.	95
—	VIII.	121
—	IX.	129
—	X.	147
—	XI.	163
—	XII.	181
—	XIII.	193
—	XIV.	205
—	XV.	225
—	XVI.	241
—	XVII.	259
—	XVIII.	281
—	XIX.	307
—	XX.	317
—	XXI.	339
—	XXII.	353

FIN DE LA TABLE.

Fontainebleau. — Imp. de E. Jacquin

www.ingramcontent.com/pod-product-compliance
Lightning Source LLC
Chambersburg PA
CBHW050547170426
43201CB00011B/1602